世界五千年
科技故事丛书

卢嘉锡题

世界五千年科技故事丛书

过渡时代的奇人

徐寿的故事

丛书主编　管成学　赵骥民

编著　王扬宗

吉林出版集团 ┃ 吉林科学技术出版社

图书在版编目（CIP）数据

过渡时代的奇人：徐寿的故事 / 管成学，赵骥民主编.
-- 长春：吉林科学技术出版社，2012.10（2022.1 重印）
ISBN 978-7-5384-6120-6

Ⅰ.① 过… Ⅱ.① 管… ② 赵… Ⅲ.① 徐寿（1818-1884）
一生平事迹一通俗读物 Ⅳ.① K826.13-49

中国版本图书馆CIP数据核字（2012）第156275号

过渡时代的奇人：徐寿的故事

主　　编	管成学　赵骥民
出 版 人	宛　霞
选题策划	张瑛琳
责任编辑	万田继
封面设计	新华智品
制　　版	长春美印图文设计有限公司
开　　本	640mm×960mm　1 / 16
字　　数	100千字
印　　张	7.5
版　　次	2012年10月第1版
印　　次	2022年1月第5次印刷

出　　版　吉林出版集团
　　　　　　吉林科学技术出版社
发　　行　吉林科学技术出版社
地　　址　长春市净月区福祉大路 5788 号
邮　　编　130118
发行部电话 / 传真　0431-81629529　81629530　81629531
　　　　　　　　　　　81629532　81629533　81629534
储运部电话　0431-86059116
编辑部电话　0431-81629518
网　　址　www.jlstp.net
印　　刷　北京一鑫印务有限责任公司

书　　号　ISBN 978-7-5384-6120-6
定　　价　33.00元

序　言

十一届全国人大副委员长、中国科学院前院长、两院院士

放眼21世纪，科学技术将以无法想象的速度迅猛发展，知识经济将全面崛起，国际竞争与合作将出现前所未有的激烈和广泛局面。在严峻的挑战面前，中华民族靠什么屹立于世界民族之林？靠人才，靠德、智、体、能、美全面发展的一代新人。今天的中小学生届时将要肩负起民族强盛的历史使命。为此，我们的知识界、出版界都应责无旁贷地多为他们提供丰富的精神养料。现在，一套大型的向广大青少年传播世界科学技术史知识的科普读物《世

界五千年科技故事丛书》出版面世了。

由中国科学院自然科学研究所、清华大学科技史暨古文献研究所、中国中医研究院医史文献研究所和温州师范学院、吉林省科普作家协会的同志们共同撰写的这套丛书，以世界五千年科学技术史为经，以各时代杰出的科技精英的科技创新活动作纬，勾画了世界科技发展的生动图景。作者着力于科学性与可读性相结合，思想性与趣味性相结合，历史性与时代性相结合，通过故事来讲述科学发现的真实历史条件和科学工作的艰苦性。本书中介绍了科学家们独立思考、敢于怀疑、勇于创新、百折不挠、求真务实的科学精神和他们在工作生活中宝贵的协作、友爱、宽容的人文精神。使青少年读者从科学家的故事中感受科学大师们的智慧、科学的思维方法和实验方法，受到有益的思想启迪。从有关人类重大科技活动的故事中，引起对人类社会发展重大问题的密切关注，全面地理解科学，树立正确的科学观，在知识经济时代理智地对待科学、对待社会、对待人生。阅读这套丛书是对课本的很好补充，是进行素质教育的理想读物。

读史使人明智。在历史的长河中，中华民族曾经创造了灿烂的科技文明，明代以前我国的科技一直处于世界领先地位，涌现出张衡、张仲景、祖冲之、僧一行、沈括、郭守敬、李时珍、徐光启、宋应星这样一批具有世界影响的科学家，而在近现代，中国具有世界级影响的科学家并不多，与我们这个有着13亿人口的泱泱大国并不相称，与世界先进科技水平相比较，在总体上我国的科技水平还存在着较大差距。当今世界各国都把科学技术视为推动社会发展的巨大动力，把培养科技创新人才当做提高创新能力的战略方针。我国也不失时机地确立了科技兴国战略，确立了全面实施素质教育，提高全民素质，培养适应21世纪需要的创新人才的战略决策。党的十六大又提出要形成全民学习、终身学习的学习型社会，形成比较完善的科技和文化创新体系。要全面建设小康社会，加快推进社会主义现代化建设，我们需要一代具有创新精神的人才，需要更多更伟大的科学家和工程技术人才。我真诚地希望这套丛书能激发青少年爱祖国、爱科学的热情，树立起献身科技事业的信念，努力拼搏，勇攀高峰，争当新世纪的优秀科技创新人才。

目　录

目 录

小 引

　　我们伟大的祖国，具有悠久的历史和灿烂的文化。在科学技术的发展史上，我们的先民曾经作出过伟大的贡献、造纸、印刷术、火药和指南针这四大发明举世闻名，不但促进了中国文明的发展，而且对世界文明史的进程产生过重大的影响。然而，在16世纪以后，由于西方科技革命的发生和发展，曾是先进中国的科学技术逐渐同西方国家拉开了距离。17世纪中叶，即明朝末年和清朝初年，由于欧洲天主教传教士来到中国传教，中国与西方开始发生了较大规模的文化接触和交流，西方的科学，开始为中国人所了解。欧几里德几何学，亚里士多德的自然哲学等西方科学陆续传入中国。但是，明清之际引进西方科学，还是以适应中国社会的实际需求和弥补中国传统科学之不足为立足点。西方自然科学的重要理论，或由于传译的不足，或由于它的内容陈旧，而难以为中国人接受和理解。至于牛顿力学等近代自然科学的最重要的成果则几乎完全没有人介绍进来。结果，17—18世纪西方发生的科学革命，并没有为中国人所感知。同时，由于清雍正（1723—1735在位）和乾隆（1736—1795在位）实施禁教政策，以及欧洲天主教解散耶稣会（1773），主要由耶稣会传教士维系的中西科学文化交流几乎中断。中国对世界的变化浑然无知，仍盲目以世界的中心自居。以至当1793年，英国派遣马戛尔尼（1737—1806）使团前来谋求通商时，他所带来的反映英国工业革命时代最新技术水平的机织棉布和蒸汽机模型等根本就没有引起中国人的注意，乾隆竟对马戛尔尼说：我们天朝大国无所不有，根本不需要什么外国货！

1840年的鸦片战争，中国惨败于英国。这无疑是对闭关自守、盲目自大的清朝统治者当头棒喝！战争之初，英军不过数千人，最多时也不过两万人，但是，他们所到之处，几倍、数十倍于他们的清军却溃不成军。究其原因，除了清廷的腐败之外，很大程度上也是因为英军的武器装备远比清军先进。英国的军事技术是以近代科学和工业革命的成果为基础的，船坚炮利；而清军的武器还停留在清朝初年的落后水平，当然无法与英军抗衡。曾经在广州抗击英军的民族英雄林则就说：如果大炮不行，就是岳飞、韩世忠（南宋抗金名将）复生，也束手无策啊！

　　然而，鸦片战争的失败并没有使清朝统治者醒悟。那时的统治者道光皇帝认为：英军虽然赢了，但他们并没有什么了不起的真本领。对于林则徐等主张铸炮造船以抵抗侵略者的建议，他竟然斥为"一派胡言"。但是，也有一些中国人认识到时代的变化。国家的落后，开始主张了解西方，学习西方先进的科学技术。这就是魏源、林则徐等提出的所谓"师夷之长技"，由此拉开了西方近代科学技术传入中国的序幕。中国科学技术从而开始了从传统向近代过渡的新时代。在引进西方近代科技，建立中国自己的近代科技事业的艰难曲折的道路上，有几位先驱者筚路褴褛，惨淡经营，作出了可贵的贡献，永远值得后来者铭记。本书的主人公徐寿就其中很突出的一位。

坎坷的青少年时代

徐寿，字生元，号雪村，清朝嘉庆二十三年正月廿二日（1818年2月26日），出生于江苏无锡县钱桥社里。徐氏家族世居无锡，"力田读书，"是一个比较贫苦的农民家庭。徐寿的曾祖父徐士才幼年丧父，徐寿的高祖母吴氏守节抚孤，把士才抚养成人。士才之子徐审发，即徐寿的祖父，务农的同时兼作商贩。加之能勤俭持家，家境才日渐富裕起来。徐寿的父亲徐文标大概是徐家第一个读书人，据说他通晓程朱理学，但没有在科举考试中获得功名，年仅26岁就过早地去世了。这时徐寿还只有4岁。

父亲去世后，母亲宋氏含辛茹苦，把徐寿和他两个年幼的姐妹，拉扯长大。徐寿靠了母亲和家族的支持，开始从师学习应付科举考试的那一套所谓"举子业"，背诵四书五经，学作诗文，指望通过科举考试谋取功名。然而，生活的重担却不容他继续在科举的道路上走下去。在他17岁那年，母亲也去世了。在此之前，他已经娶妻并有了一个儿子。家里还有待嫁的妹妹。一家人的生活的负担就全部落在了他的肩上。因此，他仅仅参加了一次童生的考试，就放弃了举业。为了养家糊口，他不得不同他的祖辈一样，一面务农，一面做贩运粮食的生意。难能可贵的是，徐寿在这样艰难的环境中并没有放弃对知识的追求。生活的苦难，务农经商的实际经验，使他痛感到科举考试的那一套应试诗文毫无用处，因此，他转向了经世致用，关乎国计民生的"实学"。

清代的学术经历了三次大的转变。清初知识分子有感于明末心学空谈误国，出现顾炎武等爱国学者。他们提倡崇实黜浮，通经致用的学风，对当时社会产生了很大的影响。到了清代中期，国家承平日久，加以清朝统治者加强了思想统治，大兴文字之狱，为安全计，使许多学者转而从事名物训诂考据之学，钻进了故纸堆。及至清末道光（1821—1850）年间，满清王朝盛极而衰，社会矛盾日益突出，清初经世致用的学术思想逐渐复苏。魏源、龚自珍等著名学者开始关心时政，研讨漕运、河工、农事等与国计民生密切相关的问题。徐寿的学术转向，与这些开风气之先的思想家不约而同时发生。

　　抱定了"经世致用"的宗旨，徐寿的学习研究，就与那些死读诗书的学究不同。他研读《诗经》和《禹贡》（《十三经》之一的《尚书》中的一篇）等经书，都将书中记载的山川、物产等列为表；研读《汉书·地理志》和《水经注》等古代地理典籍，则注意古今地理的沿革变迁。他还广泛地涉猎了中国古代的诸子百家之学。凡是有用之学，他无不喜好。艰辛的生活和勤奋的治学养成了徐寿朴素诚实的性格。当他年方20时，就立下了"不二色，不妄语，接人以诚"和"毋谈无稽之言，毋谈不经之经，毋谈星命风

水，毋谈巫觋谶纬"的座右铭，从而与流俗浅薄划清
了界线。

以制器名闻乡里

　　无锡位于太湖之滨，是著名的鱼米之乡。在清代，属江苏省常州府所辖县。这里手工业很发达，出产的工艺品远近闻名，惠山泥人为其中最著名者，行销各地。无锡的手工业和工艺品之所以兴旺，是因为那里有许多能工巧匠。他们心灵手巧，勤劳能干。这种乡风也影响了徐寿，他从小就爱好工艺制作，常常琢磨制作一些小玩意儿。所以成年以后，他便不以诗书经史之类的知识为满足，而努力搜求有关"究察物理，推考格致"的知识。由此，他的治学从博览群书，逐渐转向专门致力于科学技术的研究。这是他人生道路上的一个重要转折。那时候，科学技术被大多数中国人视为奇技淫巧，读书人从事科学技术研究尤为人当做不务正业，而被人瞧不起。但徐寿认定科学技术比空谈诗书有益于世，以此为终生事业，毫不动摇，这是极为难得的。

徐寿对科学技术的兴趣极为广泛，数学、天文历法、物理学、音律学、医学、矿学，等等，他无一不喜，无一不好。他不仅潜心研读中国历代的科技典籍，对于明末清初从欧洲翻译过来的西方科学著作也认真加以研究。他认为工艺制造是以科学知识为基础的，而科学知识的原理又为工艺制造所体现。因此，他不以书本知识为满足，把读书与工具器物制作结合起来。结果，不仅使他的科学知识修养大为提高，他制作工艺器具的水平也日趋精湛。据记载，他制作过指南针、象限仪，还会制造结构很复杂的自鸣钟。他特别善于仿铸墨西哥银元。他的方法是：用钢板精镂出模型，然后称准分量，再将银子熔化制成小饼状，嵌入模型中；另在高楼上悬一石椎，对准模型，放下石椎，猛击饼模，一击而成。他用这种土办法制成的仿制品，几与真品无异，可以乱真。后来一位英国传教士用真墨西哥银元跟他换了数十枚仿制品，陈列于伦敦的大英博物馆中。

无锡也是著名的丝竹之乡，徐寿很早就爱好音乐。他研究了古代的音乐学著作，摸索制作了一些失传已久的古代乐器，都一一符合乐理。由此，他善于制器的名声，渐次传播远近，引起一些有相似爱好的人，慕名而来与他切磋。他与本县的青年数学家华蘅芳一家就是这样相识的。

华蘅芳，1833年出生，比徐寿小15岁。他家在无锡县东部的荡口镇，与徐寿家相距不远。他的父亲华翼纶（1812—1887）也致力于经世致用之学，并擅长绘画。华翼纶于1844年中举，咸丰初年后出仕为官，后来做过江西永新县县令。当他乡居之时，约在1850年前后，听说西乡有人能作古乐器，且皆协律，就慕名前往，从此与徐寿相识并结为好友。他的长子华蘅芳，十四五岁时偶然弄到一本数学书，通过自学，"不数月而尽通其义"，从此就喜好起数学来。翼纶不但没有责怪他不务正业，还为他买来许多数学书让他研读。由于有这样一位开明父亲的帮助，华蘅芳年不满20就对数学有了较深的造诣。由于共同的爱好，徐寿很快就与华蘅芳相识，并成为终生不渝的朋友。

那时候，钻研科技的人还不多，有关科学书籍也极为难得。徐寿和华氏父子联络了几个有相同爱好的人，往来切磋，相互促进，共同提高。他们到处求学访友，往往谁弄来一本科学书，就相互传抄；弄来什么科学器具，也共同研究使用。有什么新知新事，总是相互交流；遇到疑难问题，就反复推敲验证，直至大家明白。他们这种朋友之间的切磋交流，开阔了眼界，增进了学习兴趣和友谊，提高了知识和技艺水平。徐寿就是在这交流中加深了对西方科技的了解和兴趣。从此，他由以研究中国传统科技为主转而以研究西洋科技为主。他千方百计搜集到的明末清初的西方天文、数学和制器之类的译书中进行了认真的学习和深入的研究。这些书，往往有理有法，比中国古代的大多数科学著作更有系统性和逻辑性，不仅让他知其然，而且还让他知其所以然。从此，他和他的朋友们十分注意获取西洋科学新知。那时候，由于鸦片战争失败，沿海有几个口岸被迫对洋人开放，外国商人和传教士开始在那些口岸城镇活动，也因而传入了一些零星的当时西方的自然科学知识和信息。有几个传教士甚至还用中文撰译了几本科学著作。徐寿和华蘅芳获悉上海的墨海书馆出版有这样的科学译本，就前往上海去购买。从此，他深深为西方近代的自然科学知识所吸引，更加坚定了他追求西方科学的信念。

到上海访求西学

　　上海是鸦片战争失败之后对西方开放的五个通商口岸之一。1843年上海开埠后不久，就有外国传教士来到上海，开始向中国人传教布道。墨海书馆就是伦敦布道会设在上海的印刷所，由该会英国传教士麦都恩（Walter Henry Medhurst，1796—1857）于1843年创办，主要印刷圣经和布道单之类的传教品。麦都思根据他多年在南洋的中国沿海地区的传教经验，认为要使中国人信从基督教，首先必须使中国人认识到西方文化比中国文化更为先进，为此就必须向中国人介绍西方文化的各方面的成就，"特别是近代科学技术的成就。他的这一想法，在物色到伟烈亚力（Alexander Wylie，1815—1887）主持墨海书馆事务后，逐步得到了实现。

伟烈亚力原来是伦敦的一名木匠，本没有受过多少教育。但他天资聪颖，又勤奋自学，1847年来中国之后，不仅掌握了汉语，还研究俄、满、蒙古等文学，是一位很有成就的汉学家。他对于中国传统的科学技术，特别是数学和天文学很有兴趣，认为中国人也有科学天才。同麦都思一样他也认为宣传西方科学有助于传播基督教，因此，他到馆后不久就准备物色中国学者，与他合作翻译西方科学著作。但一时没有找到合适的人选。

1852年六七月间的一天，一个中国人带着自己的著作，来到书馆问传教士：我书中研究的学问，你们西方有没有呢？馆主麦都思把他的著作留下来研究，伟烈亚力阅读后颇为惊叹——这个中国人的研究结果与积分法颇有些相似，而牛顿（Sir Isaac Newton，1643—1727）和莱布尼茨（Gottfried Wilhelm

Leibniz，1646—1716）等近代科学大师创立的微积分学，当时还没有传到中国啊！可见这个人的数学才能非同寻常！他们很快就邀请该书作者到墨海书馆来翻译西方科学著作。此人就是清末最著名的数学家，浙江海宁人李善兰（1811—1882）。从1852年开始，到1859年，李善兰和伟烈亚力等人合作，先后翻译了英美有名的几何学、代数学、微积分学、力学、天文学和植物学等著作六七种。同时，1849年即已进馆的江苏青年学者王韬（1828—1897）也与艾约瑟（Joseph Edkins，1823—1905）等人翻译了天文、物理方面的著作。此外江浙学者张福僖、管嗣复等也参与过译书。他们的译本不仅原本选择得较好，而且翻译质量高。这是西方近代科学比较系统地传入中国的开始。

徐寿和华蘅芳到上海的时候，李善兰他们的译著大都还没有出版。不过，英国在华传教医生合信（Benjamin Hobson，1816—1873）1855年编译的《博物新编》刚刚出版不久。这是一部介绍西方科学基础知识的书，共分三集，其中最重要的是第一集。此集分为地气论、热论、水质论、光论和电气论等篇。其中第一篇"地气论"是介绍近代化学知识的中文文献，它介绍了氢气、氧气的制法，硫酸、硝酸和盐酸的性质与制法；"水质论"介绍了化学元素理论，中国人就是由此开始了解到物质世界是由若干种基本的物质化学元素组成的；"热论"篇介绍了蒸汽机的原理及其应用。第二集《天文论略》介绍了哥白尼（Nrcolas Copernicus，1473—1543）和牛顿天文学学说的要点；第三集《鸟兽论略》介绍了许多稀珍的动物。《博物新编》虽然不过是一部科学常识书，但它介绍的却是近代科学常识，已经远远超越了明末清初天主教耶稣会士介绍的西洋科学的水平。徐寿他们一读此书，就好像一下子跨越了200多年，猛然间发现近代科学的新知新理，感到格外新鲜，格外受益。

回到无锡，他们就按照书中所论，自制器具，验证书中的一些科学理论和实验。那时候，中国还没有有关的实验器具，徐寿就因陋就简，自制仪器。比如，为了检验光的折射定律在三棱镜中的特殊现象和光分七份的原理，需要三棱镜。可是他们四处打听，也无法弄到这东西。徐寿就想法用水晶印章，磨制成三棱镜。为了搞清楚光在三棱镜的折射问题，他和华蘅芳多次通信探讨，直到两人都了无疑义。华蘅芳的专长是数学，徐寿则擅长制作器具和实验，因此，在研读《博物新编》的过程中，往往是徐寿启发华蘅芳为多。更为难得的是，徐寿还触类旁通，试做了书中未有论述的实验，并将某些理论推而广之，再用实验加以验证，得出了不少书中未有论述的结果。可惜的是，经过一百多年的人世变迁，徐寿的有关读书和研究的笔记没有流传下来。但他和华蘅芳的研究通信还有几封保留至今。

此后，徐寿等人经常到上海访书觅器，然后回家研究。华蘅芳还于1857年到墨海书馆，与英国传教士韦廉臣（Alexander Williamson，1829—1890）合作译书数月。徐寿平时生活非常俭朴，但为购买科学仪器则不惜重金。当他们从李善兰那里了解到子弹射击的轨迹是呈抛物线状后，就设法买来枪弹。为了弄清楚仰射和俯射是否有别，他设计摆放了由远到近的多个靶子，以测其射程，再把实测结果与理论计算值进行比较。后来，华蘅芳总结其研究心得，于1859年写成

《抛物线说》，其中的插图就是徐寿绘制的。

这一时期，徐寿还搞清楚了轮船的制造方法。轮船是19世纪初欧洲的一项新发明，鸦片战争后，西方列强的船舰开到了我国沿海和长江。轮船从中国带来了更甚于洋枪洋炮的震动。它在江海上急驶，使许多人感到其技术的先进，不是中国人所能企及。据说，有一次湖北巡抚胡林翼在长江边上，见到两艘外国轮船，"鼓轮西上，迅如奔马，疾如飘风"，就"变色不语，勒马回营，中途呕血，几至堕马"，足见震惊之大。以后每听人谈起与外国人打交道，胡林翼就摇手闭目说：这不是我们所能理解的啊！徐寿则不然，他虽然性格急躁，不善于于人交往，但为了弄明白轮船的造法，他就找到停泊在上海的外国轮船。上去观察。由于他已经读过《博物新编》上介绍的蒸汽机原理，所以他"观其轮轴机捩（liè，转动），即知其造法"（《王韬日记》）。这样一来，徐寿会造轮船的名声也就传扬开了。这时，徐寿的次子徐建寅（1845—1901），虽然不过10多岁，但在父亲的影响下，也加入到徐寿的研究中来，并表现出非同寻常的颖悟。

进入曾国藩幕府

徐寿生活在一个灾难深重的时代。那时的中国受到西方列强的侵略和压迫，国内政治腐败，人民苦不堪言。洪秀全领导的太平天国农民大起义，席卷了大半个中国，满清王朝摇摇欲坠。1853年，太平军攻克南京。南京离无锡相隔不远，徐寿的生活毫无疑问受到了影响。他和当时许多封建士大夫一样，以为农民起义是大逆不道，因而仇视太平军。他参加了无锡地主们办的团练，防备太平军的到来。这是由于他的阶级利益所决定的，虽立场反动，但对此我们不必苛求他。由于清军在南京城外筑起了江南大营，阻止了太平军向苏州方向的进攻，无锡得以暂保无事，所以才有他那几年访学上海、潜心科学研究的时光。其间，1856年江南大营曾被太平军攻破，苏沪震动，但太平军被阻止在镇江以西。后来清军重建江南大营，无锡又恢复了平静。到了1860年5月，太平军再度攻破了江南大营，并乘胜东下，很快，无锡、苏州等地即被攻下。徐寿的长子大吕在这场战乱中被太平军砍伤手臂，致使终生残废。徐寿因此更加痛恨起义军，他率领全家逃到了山中躲避。这期间，虽然度日如年，但总算保全了性命，只可惜他以前从事科学研究的一些笔记、手稿在这场农民战争中片纸无存，全部毁失了。

在南方太平军攻克江苏省会苏州的同时，在北方，英法联军封锁了渤海湾，准备向天津、北京进犯。满清王朝面临着空前的生存危机。1860年8月14日，英法联军攻占塘沽，24日侵占天津。不久，他们向北京进逼。9月18日，京郊通州失陷。21日，咸丰仓皇逃往热河（今河北承德）。10月13日，英法联军占领北京。举世闻名的圆明园在遭到这伙外国强盗的洗劫之后，于10月18日被他们焚毁。随后，咸丰之弟恭亲王奕代表咸丰与侵略者签订了丧权辱国的《北京条约》。中国被迫割让了大片领土，并增开通商口岸，清王朝允许洋人深入内地传教、游历和通商，承认鸦片贸易合法化。英法联军之役结束后不久，西方列强陆续向北京派驻了公使，加强了他们对清政府的影响和控制。1861年8月22日，咸丰病死，其子载淳（即同治）继位，时年仅6岁。咸丰遗命八大臣辅佐政务。11月初，慈禧太后（同治之母）等发动政变，攫夺了清政府的最高权力。从此慈禧垂帘听政，任命恭亲王为议政王，负责对内对外事务。

英法联军之役是中国近代历史的一个转折点。在此之前的鸦片战争虽然失败了，但全国上下无论对于西方列强还是对自己都没有清醒的认识，因而没有引起应有的震动。但这一次英法军队仅以有限的兵力就长驱直入，很快就侵占了京城。"城下之盟，春秋所耻"，大清国的龙颜都丢尽了。这时候，全国上下才一致认识到中国面临的是"数千年未有之大变局"。

由此，清政府的内外政策都发生了较大的变化，开始推行所谓"自强新政"，即后世所称的"洋务运动"。其推行人即所谓"洋务派"。他们目睹火轮船横冲直撞，洋枪洋炮威力无比，便以为清政府若有这些东西，一则可剿灭农民起义军，一则也可抵御列强。因而，他们主张联络列强，采用西方的军事技术制造军火，训练军队，以图自强。洋务派在中央以恭亲王奕䜣为首领，在地方上则以曾国藩、李鸿章等为代表。

曾国藩（1811—1872）字伯涵号涤生，湖南湘乡人，是一位学者型的官僚。1852年他因母亲去世回乡守制。该年年底他奉命帮办湖南团练（后扩编为湘军），以对付北进的太平军。他靠残酷镇压太平军起家。1860年8月，被咸丰任命为两江总督、钦差大臣，督办江南军务，成为举足轻重的实权人物。在同太平军的作战中，湘军就使用了西洋枪炮大败太平军，使曾国藩认识到西方技术的先进性。因而在1861年9月湘军攻陷安庆之后不久，他就办起了一个新式军工厂"安庆内军械所"。本来，他是打算先购买西洋炮船后，再进行仿制的。他向清廷报告说："购成之后，访募覃思之士，智巧之匠，始而演习，继而试造。"他深信中国人"智者尽心，劳者尽力，无不能制之器，无不能演之技"。但那时由于南京、苏州等地还为太平军控制，客观条件难以很快购得船炮。因此，他不等购得洋炮洋船，就开始访求"覃思之士，智巧之匠"。恰巧曾国藩的幕僚中有一些江苏人，大概他们中有人听说过徐寿心灵手巧，能够制造轮船。于是在这年秋冬之际，曾国藩向清政府保举的6人之中，徐寿和华衡芳作为江浙中"才能之士，能通晓制造与格致之事者"，名列其中。清廷中央政府即命令江苏巡抚薛焕找到他们，护送至曾国藩的军营。那时徐寿正在上海逃避太平军。薛焕颇费了一番周折，才找到徐寿和华衡芳。所以直到第二年三月，徐寿和华衡芳才到达安庆曾国藩军中。随后，徐寿即作为曾国藩幕僚中的技术专家，开始进行试制轮船的工作。

制造中国第一艘轮船

徐寿等到达安庆之后，曾国藩很快就召见了他们，问他们能否制造轮船。徐寿答称：愿意一试，并建议先制造一台船用蒸汽机模型。曾国藩迅即批准。那时候，徐寿等连起码的制造机械和资料都没有，他敢于接受这个开创性的艰巨的任务，可见他对自己的技术才能抱有相当的自信。

他们首先找来有关的资料。除了合信的《博物新编》之外，在魏源《海国图志》一书第2版中有三篇关于轮船的短文，其中一篇绘有蒸汽机的工作原理图。《博物新编》中的火轮机图、汽甑图、汽柜图、汽尺图也仅仅是示意图。至于各部件的结构、尺寸规格等则均无说明介绍。仅靠这些资料，实在难以制出蒸汽机来。因此，徐寿等又实地考察了轮船的结构。那时安庆不时有外国轮船停泊，曾国藩的湘军有时还雇用外国轮船。因此，徐寿有机会上洋船观察。据说他们曾到一般英国轮船上考察了一整天，画了许多结构草图。经过这一番准备之后，徐寿等开始购办材料，自制工具。他们仅有的工具，是徐寿带到安庆的几件英国制的手工工具。至于东床、锉刀等基本的加工工具，是一件也没有。一切都需要自制。幸亏徐寿有因陋就简，土法制造的才干，这些问题都一一解决了。他亲手制出了雌雄螺旋、螺丝钉、活塞等零部件。仅用了3个月的时间，船用蒸汽机模型就制造成功了。该机汽缸直径为1.7寸（约5厘米），引擎速度为每分钟240转。1862年7月30日，徐寿和华衡芳等将此机试演给曾国藩及其幕僚观看，一试即获成功。曾国藩在当天的日记中记载道：

"中饭后，华衡芳、徐寿所作火轮船之机来此试演。其法以火蒸水气贯入筒。筒中三窍。闭前两窍，则气入前窍，其机自退，而轮行上弦；闭后两窍，则气入后窍，其机自进，而轮行下弦。火愈大则气愈盛，机之进退如飞，轮行亦如飞。约试演一时。窃喜洋人之智巧，我中国人亦能为之，彼不能傲我以其所不知矣。"

曾国藩对蒸汽机模型的试验成功极为满意。随即下令徐寿等开始制造轮船。考虑到这项工作的难度极大，曾国藩还鼓励他们：不要有顾虑，即使试制工作失败一两次，这项工程也要进行下去，直至成功。他还派了一名手下的官员蔡国祥领导这项工作，进行组织和协调。参加造船工作的技术人员有徐寿、华衡芳、吴嘉廉和龚芸棠等，而以徐寿、华衡芳为主。徐寿负责总体设计、制造。华衡芳则主要进行有关的测算工作。徐寿还把次子徐建寅带在身边，他虽然年仅17岁，但在造船的过程中"屡出奇计"，帮助父亲解决了一些疑难。

制造船用器具，不比试制模型，对材料、工具的质量要求更高。徐寿等人白手起家，在买来钢材、木材等之后，首先要自制工具，同时进行轮船的设计，然后开始制造各种零部件。这些工作费时费工，1年之后，1863年11月，他们终于试造成第一艘小型的木质轮船。这艘船使用暗轮，长约9米。可是试航时，该船只行驶了500米左右就熄火停航了。

徐寿开始造船的时候，曾国藩的部下大都持怀疑观望的态度。前面我们讲到过胡林翼被轮船惊吓得吐血，以为其中的奥秘，不是中国人所能理解。他根本没想到中国人还能造机动船。胡林翼也是湖南人，是曾国藩的朋友。曾国藩的部下，大多抱有与胡林翼相似的看法。他们看见试航失败，不免冷嘲热讽。一时风言风语不少。徐寿他们面临着巨大的压力。好在曾国藩有言在先，因此他们可以继续研制工作。

徐寿等很快就查明了问题之所在。原来，由于初次设计，没有蓝本可参考，结果锅炉上少设置了锅炉管，因此汽锅不能连续供给蒸汽。徐寿很快重新进行了设计，对锅炉和船身都作了修改。1个多月之后，1864年1月28日，这艘轮船又在长江上进行了试航，获得圆满成功。这艘船长近9米，船速为每小时6—7

千米。曾国藩颇有兴趣地上船观看，并随船行进了4、5千米。他非常高兴，随即指示制造更大的轮船。

徐寿等人于是开始筹划设计。经过研究，他们准备制造一艘明轮式的蒸汽轮船。

1864年7月19日，湘军攻下天京（即南京），太平天国农民起义军终于被残酷剿杀。不久，曾国藩从安庆移到南京，安庆内军械所也随迁南京。徐寿、华衡芳等也搬到南京继续造船。这时江苏全省都被清军收复了，造船的条件有所改善。但是，由于船体大，零部件的加工制作更加耗费时日，加之人手有限（华衡芳被调走），工具简陋，因此进展不快。然而，曾国藩仍很信任徐寿。1865年5月，当他被北调镇压捻军，离开南京时，特别指示造船工作要继续进行，并不惜工本，争取时间，早日完工。至于一切费用，均由其私人支付。曾国藩的指示，堵住了那些反对造船的官员的借口，给徐寿以极大的鼓舞和帮助。徐寿不负厚望，终于在1865年底将船造成。

新建成的这艘木质轮船比他们在安庆所造那一艘大了一倍，技术上也有不小的改进。该船长55尺

（约16米），载重量为25吨。引擎使用高压蒸汽机，淘汰了先前的低压蒸汽机。该蒸汽机为单汽缸，倾斜装置，汽缸直径为1尺（约33厘米），长为2尺（约66厘米）。主轴长14尺（约4.2米），直径为2.4寸（约8厘米）。汽锅长10尺（约3米），直径2.6尺（约0.8米）。锅炉管有49支，各长8尺（约2.4米），直径为2寸（约6厘米）。船舱设在主轴位置之后，机器部分占去了船体的前半部分。推进器设在两舷的腰明轮。该船与当时国外制造的内河航行的轮船在设计、性能上很相似。就技术上讲，在当时是不算落后的。

在试造轮船的过程中，徐寿等没有聘用任何外国工匠或技术人员，也没有使用任何洋机器。全器的工作，无论是各项设计，还是工具、机器的零部件的制作，都是中国人一手完成。所用材料，除了用于主轴、锅炉和汽缸的钢铁系进口货外，其余均为国产。全部费用仅用纹银8千两。在这种简陋的条件下，徐寿等克服了重重困难，解决了无数的技术问题。而终于大功告成，真可以说是一个世界奇迹。当时在上海出版的外国人办的《字林西报》就称此举是"显示中国人具有机械天才的惊人的一例"。

1866年4月，该船在南京下水试航。有许多中外人士前来参观，当时曾国藩仍在北方剿捻，他让他的两个儿子曾纪泽和曾纪鸿乘船试航。顺逆水平均船速为每小时12千米。不久，曾纪泽北上省父，由此船拖其座船。他对此船性能极为满意，因此将它命名为"黄鹄"号，并亲手书了两个楷体大字，以金字雕刻于船的西舷明轮之厢上。据古书记载说，黄鹄是一种能飞能游，自由出入于江海湖泽的大鸟。以此来命名中国人制造的第一般实用的轮船，是非常贴切的。

"黄鹄"号的成功，使曾国藩大感欣慰。由此他更加坚信，中国人完全有能力吸收消化外国技术。此外，他就更加积极地推进引进外国科学技术，建船造炮的工作。徐寿也因"黄鹄"号的建成，更得曾国藩的赏识。曾国藩平时从不轻易夸奖人，这时也称誉徐寿是"江南第一巧人"，视为"天下第一奇士"。

倡议引进制器之器

在试造轮船的过程中，徐寿深感引进西方技术的迫切性。因此，早在1863年春，徐寿等技术幕僚即向曾国藩建议开设一座采用外国当代技术的机器厂。曾国藩也颇表赞同。但是由谁来采购外国设备呢？一时却找不到合适的人选。不久，他们了解到容闳正在九江贩茶，就向曾国藩推荐了容闳。

容闳（1828—1912），字达萌，号纯甫，广东香山县（今中山市）人，是我国近代第一位留学外国大学毕业生。他出生贫苦，因家里无力供他上学，就进了外国传教士开办的免费学校。后来又到香港玛礼逊学堂继续读书。1846年该学堂校长勃朗（Samuel Robbins Brown，1810—1880）回美国时，把容闳和另外两外中国学生带到美国留学。后来容闳考取了著名的耶鲁大学，并于1854年以优异成绩毕业。容闳热爱祖国，毕业后即回到国内，打算将自己的所学贡献给祖国。然而，蹉跎多年，一直没有得到官方的赏识。但他一直在寻找机会，希望为国家所用。咸丰末年，容闳在上海的时候，他就与李善兰、徐寿和华衡芳等热心西学的人结识了，并成为好友。他们得知容闳在九江逗留，就向曾国藩极力赞扬他，说他在美国受名牌大学教育，人才难得，且他非常爱国，早就想为国家效力等等。曾国藩被他们说动了，答应邀请容闳到安庆来。

1863年9月，容闳到达安庆。先和李善兰（他也是1862年被招募到曾国藩部下）、徐寿等会晤。兵荒马乱之中分离数年，老朋友相见，平安无恙，大家都感到格外高兴。次日曾国藩召见，曾对容闳的举止应答非常满意。但曾国藩没有立即安排容闳的工作，容闳来营后半月内除了与徐等闲谈之外，无所事事，不明白曾国藩叫他到这里是为什么。他们这才告诉他究竟，并征询容闳对机器厂的建议。容闳根据他在美国的见闻，提出了该厂应该以生产制造机器的机器为主，即先设立一母厂，生产各种通用机械，由这母厂生产制造枪炮、农具等所需的机械，然后才设立各种机器厂来分类制造。徐寿等对此深表赞同。他们和容闳商量了在曾国藩下次召见容闳询及此事时，如何答对，以期赢得曾国藩的信任和支持，从而使机器厂的计划得到实现。

不久，曾国藩再次召见容闳时问道："你以为目前为中国谋最重要最有益的事业，应该从哪里着手？"容闳就按照徐寿等人的意思，答以要建机器厂，接着又讲了一番应该建什么样的机器厂。曾国藩听后说："我对这些事不甚了了，徐寿和华蘅芳两位对此素有研究，你先与他们详加讨论，然后再制订计划和办法。"

徐寿、华衡芳等即与容闳认真商议，决定托容闳再征求外国专门机器工程师的意见。1863年10月，曾国藩即给予容闳以全权，让他前往国外探询专门工程师，调查什么机器对中国最为适用，至于购办机器等一切事，也完全委托容闳。不久，容闳即带着6.8万银两的专款，前往美国购办机器。

容闳到美国后，找专家设计了机器图纸，选定马萨诸塞州的朴得南公司（Putnane & Co.）制造。1865年春，全部机器制造完工。然后由纽约港轮船装运，于当年夏秋之际运抵上海。

当时，暂时代理两江总督的淮军头目李鸿章（1823—1901）指示部下在上海购买位于虹口的一家美国人经营的旗记铁厂，在此基础上设立了"上海机器制造总局"，又称"江南机器制造总局"。容闳采买的这批机器到达上海的时候，江南制造局开办还没有多久。那时曾国藩正在徐州指挥与捻军作战，经他同意，这批机器被安置在江南制造局。

这是我国在清末洋务运动中进口的第一批重要的

外国机器。江南制造局是我国第一个近代工业企业，这批美国制造的机器是其开创时期的主要设备。徐寿对引进这批机器有倡议之功，因此我们可以说他是中国近代引进西方先进技术的先驱者之一，也是中国近代工业的奠基者之一。

在江南制造局领导造船

　　捻军是与太平天国农民起义军相呼应的另一支农民起义军。他们在北方活动。太平军失败后，赖文光率余部北上与捻军会合，农民军实力加强。1865年5月，赖文光率捻军在山东曹州（今菏泽）全歼清军主力僧格林沁的马队，僧格林沁被击毙。清廷极为震动，立即调曾国藩率湘军北上镇压捻军。但是，湘军在与捻军的战斗中屡战屡败，曾国藩束手无策。于是清廷只好再调淮军参战，任李鸿章为钦差大臣，主持镇压捻军。1866年12月，曾国藩回南京，仍为两江总督。

　　曾国藩回任两江总督之后，江南制造局属于他的管辖之下。他立即着手扩大该局的规模，一面增购设备，一面调得力人员管理有关事务。当时正在无锡家居的徐寿，即被他调至制造局，领导组织造船。1867年4月，徐寿携其子徐建寅与华蘅芳等至上海就职，任江南制造局委员。从此，徐寿一家在上海定居。

　　由于工厂规模扩大，虹口厂址不够使用，扩大吗？地价又很贵，于是1867年夏，江南制造局迁往上海南市高昌庙附近建设新厂（即现在的上海江南造船厂厂址）。在曾国藩的领导和督促之下，该局于1867年当年就建成了机器厂、木工厂、铸铜铁厂、熟铁厂、轮船厂、锅炉厂和枪厂等分厂。以后，该局又陆续建设了炮厂（1869）、火药厂（1874）、枪子厂（1875）、炮弹厂（1879）、水雷厂（1881）和炼钢厂（1891）等分厂，形成了一整套齐全的军事工业生产体系，成为洋务运动时期我国最大的军工企业。

　　李鸿章收买下来作为江南制造局建厂基础的美商旗记铁厂，原本以修造轮船为其主要业务。该厂的机器设备卖给江南制造局后，其主要技术人员也转到了制造局。但在建局的头一两年，制造局忙于生产供应剿捻军所急需的枪支弹药，加以经费有限，这些人才和设备，多被闲置或挪作他用，没有用于修造轮船。曾国藩了解到这些情况后，非常重视。他想：徐寿等人两手空空，没有外国人作技术指导，也没有洋机器洋设备都造出了"黄鹄"号，现在有旗记的外国技术人才和机器，更应该加紧赶制啊。于是1867年5月，曾国藩上奏朝廷，请求将上海海关的洋税的10%拨给江南制造局，作为造船专款。很快，清朝中央政府批准了曾国藩的请求。从此，制造局有了充实的经费，就迅速采办材料，准备造船。

这时，江南制造局（简称"沪局"）已有原旗记铁厂的设备和容闳从美国购来的机器，具备了采用近代技术制造轮船的物质条件。徐寿、华蘅芳等到局之后，加上留用的原旗记铁厂的外国工匠，也具备了制造轮船的人才条件。很快，他们就在黄埔江边开辟了第一条长为约101米的船坞。接着，造船工作就进入了实施阶段。

沪局制造的第一艘轮船，设计载重为600吨。这样吨位的轮船，远非"黄鹄"号可以比拟。因此，徐寿等制造"黄鹄"号的那一套土办法已不适用，必须采用机械化大生产。旗记老厂的那些外国工匠，具有修造轮船的经验，也熟悉机器生产，因此，他们成为沪局造船的主要技术员工。徐寿则是管理制造轮船的委员，负责监督、领导造船工作。

　　1868年8月，在徐寿的领导之下，江南制造局的第一艘轮船，经过中外工匠的努力合作，终于建成并正式下水。这艘船体为木质，船宽约8米，长约55米，吃水约2.4米，马力约288千瓦，载重为600吨。锅炉和船壳为沪局自造，蒸汽机是购买了外国旧机器后加以改造而成。沪局总管（当时称为"总办"）与徐寿及中外工匠，都参加了下水仪式，并随船试航。该轮时速为每小时24千米，它的试航成功在上海引起轰动。曾国藩闻讯极为高兴，他特意将它命名为"恬吉"号，取意"四海波恬，厂务安吉"。不久，他又趁此机会，向朝廷递上了一道《轮船工竣并附陈机器局情形》的专折，得意地汇报"恬吉"号的建成和沪局的顺利进展。

"恬吉"号是中国近代第一艘由机械化生产制造的轮船。在此之前，中国军民所用轮船，都是购自外国。"黄鹄"号虽然纯为徐寿等一手制成，但毕竟吨位太小，速度很慢，实用价值不大。所以，历史学家大都视"恬吉"号的制成，为我国近代造船工业之始。徐寿作为该轮船制造工作的主管，立下了汗马功劳。曾国藩对他的工作极为满意。

此后，在徐寿的领导主持之下，制造局又先后完成了"操江"（1869）、"测海"（1869）、"驭元"（1875）等多艘轮船的制造。这几艘轮船愈造愈大，其中"驭远"马力为1800匹，载重达2800吨。更难能可贵的是，其锅炉、船壳和蒸汽机等都系厂内自造，式样也较好。这些轮船的建造在上海的产生了很大的影响，一再引起轰动。1873年11月4日，沪局举行"驭远"号下水典礼，几乎引起上海全城男女老幼前往观看，场面蔚为壮观。人们见到巨大的轮船下水时水不扬波，平稳安全，不禁赞为"技精人神"。可惜的是，在曾国藩于1872年去世，李鸿章接手江南制造局之后，制造局日趋成熟的造船技术，却很快被废置了。李鸿章等放弃了中国自造船舰的计划，完全依赖于购买外国军舰，致使曾国藩、徐寿等人惨淡经营起来的近代造船业，被白白荒废了20多年。直到20世纪初，江南制造局才重新开始造船，而世界造船业在这二三十年内突飞猛进，这使我国的造船技术与国际先进水平拉开了更大的差距。

筹划翻译馆

徐寿到江南制造局时年已50。当时他在科学技术上已经很有造诣，可谓名满江南了。但是，他对科学技术知识的追求，却是老而弥笃，终生不渝。

在徐寿领导沪局造船之初，该局造船在技术上主要依赖原旗记铁厂留用的外国技术人员。他们利用外国轮船的设计图纸，按图制造，自己无力设计。但这些外国人大多不过工匠水平，对造船的原理也说不清所以然；若要制造样式比较先进的船型，更是无处措手。徐寿对这种情况很不满意，非常焦急。他迫切地感到必须培养中国自己的技术人才。如何训练人才呢？他以自己的亲身经验，认识到必须引进西方的科学技术知识，把西方科学技术各门类的书籍都择要地翻译介绍过来，供人学习。那时，伟烈亚力主持的墨海书馆早已解散。除了墨海书馆于1860年以前翻译出版的《续几何原本》、《代数学》、《代微积拾级》、《谈天》、《重学》和《植物学》等数学、天文学、物理学和生物学译著底本选择较好，译本水平较高之外，其余传教士们编译的几种科学译著，大都很简略，不足以作为深入西方科学技术的阶梯。总之，西方近代科学的大多数学科还缺乏适用的译本，至于学习西方"制造之术"所急需的技术科学书几乎是一片空白，没有任何专门译本，仅在有些科学译书中略有涉及。这种情形，同方兴未艾的"求富"和"求强"事业的实际需要已太不相适应了。可是洋务运动的领袖们，却急功近利，他们急于购买和仿制洋枪洋炮和轮船，至于科技知识的引进、人才的培养和科技教育的开展，还没有进入他们的议事日程上来呢。

可是，由谁来担当译书的重任呢？徐寿想起他在墨海书馆见过的李善兰和伟烈亚力等人翻译书的情景，看来只有自己亲自出马尝试了。经过慎重考虑，徐寿把译书的想法告诉了江南制造局的负责人冯焌光和沈保靖。冯、沈二位是两个内行领导，他们一位精于测算，一位熟习制造。对于徐寿的建议，非常赞同，但关键是争取曾国藩的支持和批准，他们商定由徐寿起草一份"条陈"，然后由他们转呈曾国藩。

在起草《条陈》时，徐寿认真研究了洋务运动中引进外国技术的现状，提出了四件应尽快兴办的要事：第一是开煤炼铁，他认为如果实现了钢铁的自产，即可减少进口，又能促进技术引进的深化；第二是自造大炮，当时沪局生产的炮都很小，若不引进更先进的技术，该局自造轮船上的船用大炮势必依赖进口；第三为操练轮船水师，这是徐寿为我国海军的独立自主而提出的建议，因为那时中国购买或雇佣外国船舰，往往要聘用外国驾驶员和船工，徐寿对此颇不以为然；第四则为翻译西方科技著作，这是徐寿最急于想从事的，也是他自认为力所能及，可以很快就进行的一件大事。根据以往办事的经验，官场中的批签公事，总是有允准的也有驳回的，往往越是你强烈要求的越难以得到批准，反而看起来比较次要的问题上，却容易满足你的请求。有鉴于此，徐寿把翻译西书这一件他迫切希望成办的大事放在最后面，希望得到曾国藩的批准。

当然，前面三件事对于深化西方科技的引进也是很重要的，如果能成功一两件，对国家也是迫切需要的。

徐寿满心希望曾国藩批准他提出的四件要事之中的一两件，哪知道曾国藩的批复简直就是对他的当头棒喝。曾国藩说，徐寿的建议都是"揣度之词，未得要领"。关于开煤炼铁，他说以目前的条件，即使办起了炼铁厂，轮船所需的大铁轴也绝不是我们自己铸造得了的，你们眼下只管试造轮船，不要想以后如何如何。对于第二点自造大炮，他答以沪局人力物力有限，并认为炮也不要太大的好，还说，军事固然需要有精良的装备，但总以选择得力的将领为第一要务嘛。关于操练轮船水师，他批示造船和驾船是两回事，叫徐寿不要多管闲事。至于译书，他批示说，外国书买来容易，但哪里去找又精通外文又深谙科学技术的人来翻译呢，这可不是件容易事！最后，他告诫徐寿说：我派你们到江南制造局就是让你们专心帮办制造轮船，若能在1年之内赶紧造出一两艘轮船，才是不负我的委派，至于造船以外的事，你们不要好高骛远！看来曾国藩造船心切，目光短浅，对徐寿等人的能力估计不足，把译书等事看得太难了。

还好，冯焌光和沈保靖是支持徐寿的。他们反复向曾国藩解释翻译外国书籍的重要性，终于说动了曾国藩，总算准许徐寿等人"小试"一下。

说到这里，我们不禁要问：徐寿没有学过外语，他翻译得了吗？的确，这是个拦路虎。可是我国科学技术史上早期的翻译家，几乎都不懂外语。明末第一个翻译西方科学著作的徐光启，就根本不会外语。但是他与意大利耶稣会教士利玛窦合作，创造了口译与笔述相结合的翻译方法。这就是由通晓中文的利玛窦根据原文口译成汉语，同时由徐光启笔录其译文。遇到疑难之处，则由两人共同推敲解决，最后由徐光启修饰文字、整理成书。这种译书方法是迫不得已的，是由于当时还缺乏通晓外语的中国人，而外国人中虽然有些通晓汉语，但毕竟水平有限，还无力独立译书。此法一经徐光启和利玛窦采用，就被人沿用。在墨海书馆，伟烈亚力与李善兰就是这样译书的。但用此法翻译科学著作时，对译者还是有很高的要求的。一方面，口译者对所译之书要具有相应的知识基础，才能够准确地理解原文内容，同时还必须有较高的汉语水平。另一方面，笔述者也必须对所译内容有相当的知识基础，才能理解译文，从而在翻译中遇到难点时，能与口译者共同斟酌。如果口译人汉语很好，笔述者也是有关学科方面的专家，则翻译起来就比较容易；如果一方太差，翻译就很难进行了。所以徐寿为准备译书着手的第一件事就是聘请精通汉语的外国人来做口译者。

那时候，上海是中国境内居住外国人最多的城市了。但是，要找到合适的口译人却很不容易。旅沪外国人中虽然会说中国话的不少，但是精通汉语的人很少，而精通汉语的人之中对翻译的科学书有理解有兴趣的就更少了。徐寿等人费了好久的功夫才找到一个人愿意来试一试。这个人就是傅兰雅（John Fryer，1839—1928）。

傅兰雅是英国人，1861年由英国圣公会派遣来到中国。他先后在香港的圣·保罗书院、北京的同文馆和上海的英华学塾任教，学会了说广东话、北京话和上海话，汉语水平也很高，能够用文言撰文，所以从1866年11月起，他还担任上海著名的英文报纸《北华捷报》（North China Herald）报馆的中文报纸《上海新报》的编辑。傅兰雅虽然是由教会派到中国的，但他在传教方法上与所属教会有很大的分歧。他不大赞同多数传教士采取的那种设立教堂、吸收教徒、散发布道单之类的直接布道的方法，而倾向于通过兴办教育，发行报刊，从事救济等活动，使中国人潜移默化，逐渐皈依基督教。傅兰雅的这种主张，当然比直接布道派的那一套进步一些，也容易为中国人接收。但是，当时许多传教士恃西方列强为后盾，在中国颐指气使，飞扬跋扈，他们大多反对傅兰雅那种间接传教派。1867年冬，徐寿等找上傅兰雅之门时，正是傅兰雅同他的传教上司英国圣公会在中国的负责人矛盾日渐加深，难以妥协的时候。

同时，冯焌光也亲自找到傅兰雅，说明准备挑选10名聪颖少年，有意让傅兰雅在江南制造局内教授他们蒸汽机原理。对于冯焌光的想法，傅兰雅认为不太切实际，但是，他接受了制造局的聘请，专门翻译科学技术著作。

1868年3月，江南制造局委托傅兰雅向英国定购了50多种科技图书、全套化学实验仪器和试剂、电堆、显微镜、若干地质样品和矿物与金属样品等。不久，傅兰雅与徐建寅开始试译一本几何学书。徐寿等经过努力，还邀请到了富有译书经验的伟烈亚力和玛高温（D.J.Mac Gowan，1814—1893，美国人）参加翻译工作。其中，徐寿与伟烈亚力合作翻译一部关于蒸汽机的英文著作，译本名之为《汽机发轫》；华蘅芳则与玛高温合译一部矿物学著作《金石识别》。这两部书都是由笔述者赶到口译者的住处，在上海外国人居住的租界内翻译的。租界离制造局比较远，徐寿等人往返费时，很不方便。于是沪局拨出房屋作为翻译之馆。1868年6月，在中国近代科技史上极为著名的江南制造翻译馆就这样成立了。

在此之前，傅兰雅应沪局的要求于该年5月辞去了英华学塾和《上海新报》的职务，与英国教会当局脱离了关系。随即从租界搬进制造局内，以便于翻译工作的开展。

徐寿等人虽多为初次译书，但由于他们对有关问题研究有素，加之口译者傅兰雅、玛高温等都有很好的汉语水平，因此，除《金石识别》之外，其他各书的进展都相当顺利。傅兰雅很快就与徐建寅译完了《运规约指》。搬到沪局之后，他又与徐建寅新译另一部蒸汽机著作《汽机问答》（后改名为《汽机必以》出版）。同时，他又与沪局的另一位技术专家王德均翻译一部西法采煤的著作《泰西采煤图说》（后改名为《开煤要法》出版）。

1868年8月，在"恬吉"轮建成下水的同时，《汽机发轫》等四部译书均告译成，并呈送给曾国藩"鉴赏"。曾国藩没想到徐寿等不仅在1年之内就造出了轮船，而且在几个月之内就译成了四部科技著作。要知道李善兰、伟烈亚力等在墨海书馆，花了七八年才译出了不过七八部书啊！读到《汽机发轫》、《泰西采煤图说》等译书，曾国藩真是喜出望外，因为这些书都是"借法自强"所切要而急需的，原来以为还没有人翻译得了的，现在却只花了几个月的功夫就译出来了，而且译文也很不错，看来自己真是小看徐寿他们了。这时，曾国藩对译书的态度立即转变为大力支持，同意沪局扩大翻译馆的规模，兴建翻译学馆。

1869年5月，翻译学馆在制造局内动工兴建，至1870年初竣工。为了加强译书工作，沪局任命徐寿、王德均、华蘅芳和徐建寅等为翻译委员。在学馆建成之后，他们与傅兰雅被安排住进学馆，以便加紧译书。

在翻译学院建设的同时，徐寿等翻译委员会同沪局总办、会办等经过反复研究，制定了该学院的计划报告。这个报告共有16条，主要有两方面的内容。其一是招收学生进行科技教育，计划招收约50名学生，学习工程、航海、军工和海防事务以及化学、矿学等科目。这一方面的工作后来改变了计划。因为学馆建成之后，当时的上海道台、制造局总办涂宗瀛认为沪局学馆与上海广方言馆都是"译习外国书籍"，"事属相类"，应该合在一起。其实，广方言馆主要是以培养外语人才为目的的，虽然其中也有一些数学、物理之类的科学课程，但毕竟与徐寿等人所计划的专门科技学堂相去甚远。但是，由于涂宗瀛似是而非的决定，使得广方言馆搬进了新落成的翻译学馆，徐寿的科学教育计划因此化作了泡影。好在这个计划的另一半内容即译书计划基本上得到了落实。此后一二十年间的翻译工作大体是按照这个计划实施的。如按照其中第七条"测经纬以利行船"，以后即由贾步纬每年编译《航海通书》；据第八条"译舆图以参实测"，李凤苞等编译了世界地图、中国沿海海道图和长江图等几种地图。又如自1871年始编译《西图近事汇编》季刊，以后又编印五日一刊的《翻译新闻纸》和《西国近事》分呈各省官员，就是依照第十条"录新报以知情伪"的计划进行的。至于各种科学技术专门书籍的编译，则在第五第六第九等条"编图说以明理法"、"考制造以究源流"、"广翻译以益见闻"中规划周详了。总之，这个计划是洋务运动时期我国全面引进西方近代科学技术知识的最早的尝试，也是整个洋务运动期间引进西学的最大的一项计划。

1870年4月，曾国藩早已调任直隶总督，但他仍然遥控着江南制造局。所以制造局总办冯焌光等将翻译学馆的计划呈送到了他那里，他读了非常欣赏，当即批复道："所定学馆事宜，规划既已周详，撰论尤为精凿，非于西人格致之学（指科学）精心研索，确有据依，安能指示途径，如此明切！以此提倡，诸生必有日新月异之效，何慰如之！"关于译书计划，他指出这应当作为"学馆精实之功，目前切要之务"。

正如曾国藩所指出，翻译馆的计划非徐寿等对科学技术深有造诣的人不能提出。这计划无疑是以翻译馆的倡建者徐寿为主拟定的。正是由于这个计划的实施，使江南制造局成为洋务运动时期译书数量最多、质量最高、影响最大的科技著作编译机构。徐寿，也是在翻译馆建成之后，由制器名家又成为翻译名家，完成了他一生的又一次转折。

此后，他的主要工作，即在翻译馆与傅兰雅翻译科技著作，直到1884年去世。

不懂外语的翻译名家

西方近代科学技术著作能否翻译成中文，在翻译馆开设之初，不仅曾国藩怀疑，更有些外国人想看笑话。他们妄称中国语言文字古奥、生厉、僵化，并说西方科技的名词术语，不是中文中所固有，如何能翻译成中文？把徐寿等人的翻译西书视之为枉费工夫。但是，徐寿、华蘅芳、徐建寅、傅兰雅等中外译者很快就用事实证明了翻译之可行，使那些想看笑话的人反显得他们自己可笑。那么，徐寿他们是如何翻译成功的呢？

　　徐寿等人在动手译书之前，认真研究了翻译科技著作时遇到的一个最关键问题。这就是科技术语如何翻译。他们经过反复讨论，确定了三条原则和方法。第一，是尽量利用已有的译名。他们决定充分吸收已有译书所拟定的译名，不仅要参考墨海书馆等新近译书的译名，而且还要利用明末清初耶稣会士译书中的译名。除此之外，有些译名，未载入书册，却在工匠或商贾口头中流传，也要尽量访得采用。这样，一可充分利用前人的成果，减少创立新译名，二可避免一词多译名，可方便读者。第二，关于拟定新译名，他们提出了三种方法。其一，新造字或以罕用的古字赋以新义，造字时则尽量尊重汉字的习惯；其二，意译，用汉语译其意，以简洁明了为原则，定立新词；其三，音译，用北京官话翻译外文术语之音，外文相同的音节则译以相同的汉字。他们根据这三种方法翻译了一系列科技术语，其中，以化学元素的译名的翻译最为成功。第三，是编辑英汉术语名词对照表。他们将自己译书时新设的译名都随时记下，以后汇集成编，后来出版了《化学表》、《西药表》、《矿学表》和《汽机名目表》等几种专门的英汉名词术语对照表。上述原则和方法，在他们的翻译中得到了较好的贯彻，这就保证了翻译科技术语的质量。作为翻译馆的倡建者和领导者，徐寿无疑是这三条原则和方法的主要制订者。傅兰雅就曾经说过，沪局译书中的译名最后是由监管译书的中国人确定的。

江南制造局译书的原本大都是英美的科学教科书和专门技术著作。虽然徐寿等向曾国藩呈报的计划强调"因制造而译书"，即配合沪局的实际需要和洋务自强事业的开展，但他们也尽可能地注意引进科学知识的系统性和完整性。翻译馆开设初期，他们计划将全套《大英百科全书》翻译出来。那时的《大英百科全书》与当代的《不列颠百科全书》颇有不同。其中的科学条目极为完整系统，如"代数"一条，就有数十万字，由浅入深，还有例题，实际上可以当做教科书使用，所以它又被称作"没有围墙的学校"。拥有一套《大英百科全书》，就可以自学各门科学知识。徐寿等试图编译一套与之相近的西学百科全书，这样就可以将西方科技知识完整地引进过来。他们根据《大英百科全书》完成了《代数术》廿五卷、《微积溯源》八卷、《营城揭要》三卷，《风雨表说》一卷和《年代表》一卷等译书。后来考虑到《大英百科全书》出版较早（当时最新的版本是1853至1860年间出版的），有一些新的科学知识没有反映出来，所以改为选择英美新出的书籍作为翻译的底本。然而，由于曾国藩、李鸿章等常常指派他们翻译一些兵工和时务的急用书，人手不足，后来不得不放弃了编译西学百科全书的计划。但是经过中外译者的努力，该局的译书还是逐渐形成了一定的系统性。从1871年起，沪局译书开始出版，到1884年，已刊行译书有数学7种，物理学5种，化学7种，天文学2种，地学2种，矿冶学7种，测绘学4种，机械与工程学7种，工艺制造15种，医学1种，兵工学16种，船政类4种，其他12种，总计89种。此外，还有40余种译书已译成待出版。这一时期翻译出版的译书占了翻译馆全部译书的一半以上。此后，从1885—1912年的28年的全部译书，也没有这前17年的译书多。由此可见，徐寿在世的17年是翻译馆最有成绩的时期。

截至1884年，前后在翻译馆从事译书的中外人士有20余人。口译者主要有傅兰雅、金楷理（C.T.Kreyer，美国人）、林乐知（Y.J.Allen，1836—1907，美国传教士）和舒高第等。金楷理是沪局继聘任傅兰雅之后，于1869年增聘的又一位专职口译者。后来他于1878年离职后，其位置由留学美国获得医学硕士学位的浙江慈溪人舒高第继任。林乐知在广方言馆教书，半日任课，半日译书。口译者中以傅兰雅译书最多，其次是金楷理。主要笔述者除徐寿外，还有徐寿泽、徐建寅、华蘅芳、李凤苞、贾步纬、赵元益、郑昌棪等。其中，以徐寿译书最多，徐建寅次之。中外译员的工作都有分工。口译者中傅兰雅以自然科学和工艺技术类著作为主，金楷理侧重于军工和航海，林乐知主要翻译各国史地、时势类书籍，舒高第重点翻译医书。笔述者中，徐寿以译化学、工艺技术为主，华衡芳以数学、地矿学为主，李凤苞以地理学、兵工学为主，贾步纬长期编译《航海通书》，赵元益、郑昌棪以医学为主。只有徐建寅有些例外，他笔述的译书涉及数学、化学、电学、声学、天文学、机械学、军事学、兵工学等很多学科。

徐寿在馆17年，共翻译了近30种科技著作，约250万字。这些译著，都是他与傅兰雅合作完成的。其中，最重要的是几部化学书；此外，还有《汽机发轫》、《西艺知新》正续集和《宝藏兴焉》等书也有重要的价值。

《汽机发轫》是徐寿的第一部译作，于1872年出版。它是根据英国出版的一部《蒸汽机手册》翻译的，也是第一部关于蒸汽机的中文译著。全书内容相当丰富，介绍了蒸汽机原理，锅炉的种类、结构、功能与用途，轮船的操作规程和注意事项，计算汽机功率的各种数据等。这部译作不仅第一次将蒸汽机技术全面介绍到中国。它的一整套译名还为后来徐建寅等翻译《汽机必以》、《汽机新制》等奠定了基础。后来徐寿还撰写了一篇《汽机命名说》专门探讨蒸汽机有关的译名问题。徐寿认为轮船和蒸汽机的最初译名"火轮船"和"火轮机"不妥，应该改为"汽机轮船"（简称"轮船"）和"汽机"。这一改译，为后来者沿用至今。

《西艺知新》是一套丛书。其正信（1877年出版）八种均为徐寿与傅兰雅翻译。其中《匠诲与规》介绍车床的结构与车工的操作要领、制作螺丝和钻孔的方法等；《造管之法》译自著名的技术辞书《尤尔氏工艺制造及矿物辞典》，介绍各种金属管道的制造；《回热炉法》论述英国人各尔曼发明的回热炉；《造硫强水法》介绍了英国人罗白格（John Roebuck，1718—1794）发明的铅室法制硫酸的原理与工艺；《色相留真》介绍照相工艺流程中玻璃底片的制作、显影液和定影液的配置技术等；《周幂知裁》讨论各种圆形金属器具制作时金属板材的裁割方法；此外还有两种分别论述英国人回特活德（Joseph

Witworth，1803—1887）发明的螺丝炮和潜水衣的制造等。续集之中，《垸鬏致美》、《制玻璃法》、《铁船针向》和《机动图说》四种系徐寿、傅兰雅合译。其中《垸鬏致美》介绍各式油漆的配制和上漆工艺，《制玻璃法》论述玻璃制造工艺和玻璃器具的制作，《铁船针向》介绍航海指南针的用法，《机动图说》介绍了507例机械运动的方式。徐寿的译书，特别强调实用性，《西艺知新》中大多数译书的内容，都反映了这一特点。

《宝藏兴焉》出版于1884年，译自英国著名化学家克鲁克斯的《实用金属学大全》，全书详尽论述了金、银、铜、锡、镍、锑、铋、汞等金属的矿藏、冶炼和提纯，及其有关物理化学性质与用途。其中卷《造铁全法》是译自英国著名的冶金学家费尔奔（William Fairbain，1789—1874）的名著，论述了生铁、熟铁的冶炼、用途及其各种物理性能数据；并详细介绍了贝色麦（Henry Bessemer，1813—1898）发明的固定转炉式炼钢法。这些近代冶金学知识为洋务运动中我国近代矿冶业的起步奠定了科技知识基础。

　　徐寿对医学也很有兴趣，有时还给人看病，他曾亲手治愈一位诗人吴大廷的肠秘病。他对西医极为推崇，曾经写过《论医学》一文，推荐他的同事赵元益与傅兰雅翻译的《儒门医学》一书，介绍西医的治疗方法，以释时人对西医的种种疑虑。在他的晚年，他还与傅兰雅开始翻译一部英国很有名的法医书《法律医学》，但他只译出了四章就一病不起，剩下的二十章后来由赵元益续译完成。

　　徐寿的翻译极其严肃认真。他的译书底本都经过慎重的选择，因而能反映西方当代科学的水平。他的译文字斟句酌，不仅忠实于原著，准确地表述了原书的知识内容，而且尽可能地表述鲜明，便于中国人理解。因此他编好意译法，但在意译法难以传达原意时，就毫不犹豫地音译。有时，为了提醒读者注意，还加上按语。他的译义准确、朴实，而不枯燥，因而被同时代的人视为"善本"。

　　徐寿把译书当做建立我国近代科学技术事业的

基础，他希望这些译书能在全国各省的书院中作为教材，这样"国人尽晓"，人人都认识到科技的重要性，人人都学习科技、掌握科技，那么中国就必定会臻于富强，而与西方先进国家并驾齐驱。虽然当时封建保守势力顽固，洋务运动进展缓慢，现代科技教育迟迟难以兴办起来，绝大多数知识分子还在追求科举功名，但他并不灰心。他把翻译西方科技书籍视为比洋务派设厂仿制外国军火武器还要重要还要急迫的大事。他认为译书能开启民智，摆脱愚昧。为此，他不顾一些朝廷高官的重金礼聘，辞谢了山东机器局、四川制造局总办等职的聘任，专心译书。这种不求升官，不求富贵，不求名利的品质是很宝贵的。

历史也没有辜负徐寿的期待。他创建的江南制造局翻译馆的译书，不仅为我国近代科学技术的发展作出了重要贡献，而且促进了中国社会的进步和变革。我国近代先进的知识分子，从洋务运动中的先知先觉者，到戊戌维新运动中的康有为、梁启超等一辈思想家。乃至20世纪初追求西方科学新知的人们，绝大多数在他们求知和放眼看世界的过程之中，都曾经历过一个学习江南制造局译书的阶段。后来，梁启超总结洋务时期的中国历史时。以过来人的身份，深情地赞颂了徐寿及其同事的伟大功绩。他说："这一期内，其中最可纪念的，是制造局里译出几部科学书。这些现在看起来虽然很陈旧很肤浅，但那群翻译的人，有几位颇忠实于学问。他们在那个时代，能够有这样的作品，其实是亏他！因为那时候读书人都不会说外国话，说外国话的都不读书。所以这几部译本书，实在是替那第二期（指1895—1918）'不懂外国话的西学家'开出一条血路了。"

中国近代化学的开拓者

徐寿从小就喜爱"攻金之事"，读了《博物新编》，了解到西方有化学这门科学后，就对化学产生了浓厚的兴趣。但是，直到翻译馆开办之后，他才有了深入学习和研究化学的机会。

他首先想到的就是翻译几本英美出版的化学书。那时候，除了《博物新编》中的有一点介绍之外，专门的化学译本只有美国传教士丁韪良（William A.P.Martin，1827—1916）编译的《格物入门》中的一小册《化学入门》，内容也极为简略，徐寿对此很不满足。体制改革以翻译馆设立之初，他就计划翻译化学书。

　　徐寿和傅兰雅合作翻译的第一部化学书是《化学鉴原》。这是根据当时美国流行的一本化学教科书翻译的。由于这是第一次翻译专门的化学著作，许多元素和化学概念在汉语中都没有现存的词汇表达，因此必须拟定一套元素、化合物和化学概念的汉语译名。为此，徐寿和傅兰雅作了充分的准备工作，终于解决了这一翻译难题。其中最为成功的是化学元素的翻译。他们首创了以元素英文名称的第一音节或次音节译为汉字再加偏旁以区分元素的大致类别的造字法，巧妙地将化学元素的英文名称译成了汉字。他们根据这一造字法新造的汉字元素如硒、碘、钙、铍、锂、钠、镍等都合乎汉字的构字原则。我们目前使用的元素译名中有近40个是他们创译的。他们的这一造字法不仅能够对已知的元素作出满意的命名，而且为后来拟译新发现的元素译名提供了如法炮制的规范。其基本原则为后来的化学家所继承，目前的化学元素中文译名原则就是在徐寿的基础上制订的。至于化合物的译名，徐寿等除对一些特别常见的化合物采意译外，一般都译其化学式。

《化学鉴原》共六卷。其卷一论述化学基本概念与基本原理，如元素理论、亲和力理论、原子理论、酸碱理论、当量概念、定组成定律、定比定律、质量作用定律和物质不灭定律等。全书论述了当时已知的64种元素；卷二以下即分类介绍各种元素及其化合物的制法及其性质。这部书是我国近代最早的一部专门译著，译成于1869年。那时，在广州的美国传教医师嘉约翰（John G.Kerr，1824—1901）与他的学生何瞭然也根据同一个底本进行翻译。他们了解到徐寿和傅兰雅的译名之后，就在他们的译本《化学初阶》中采用了徐寿等人所拟定的一些译名。但《化学初阶》的译文比较简略、生硬，因而影响不大而《化学鉴原》译文流畅，内容丰富，被人誉为"化学善本"，是近代化学传入中国的历史进程中影响最大的一部译本。

在徐寿翻译化学书的年代，西方化学已经是一门很成熟的科学，形成了无机化学、有机化学和分析化学等分支。《化学鉴原》以无机化学为主，在介绍有机化学时，他和傅兰雅采用了英国出版的一部很有名的化学教科书，译成《化学鉴原续编》。这部书按不同的来源和制法分类论述当时已知的主要有机物，如氰化物、苯及其衍生物、动植物碱、植物染料、动植物香料、有机酸、醇、糖和金属有机化合物等。由于那时有机物的英文命名也还没有统一，徐寿和傅兰雅对有机化合物的译名大都采用音译，因而比较难读。

《化学鉴原续编》译成之后，徐寿等见原书的无机化学部分内容比《化学鉴原》更丰富，更有条理，于是又将其译出，称之为《化学鉴原补编》，其中还加进了论述新发现的元素镓及其化合物的内容。

徐寿非常重视分析化学，称之为"化学之极致"。他说，如果精通分析化学，"则天下庶物俱能详考其原质（即元素），而深求其准数，遂使法有证据，而理得显明"。他在翻译《化学鉴原》不久，就让其子徐建寅同傅兰雅翻译了一本《化学分原》。这是一本比较简明的分析化学著作。但他不以此为满足。1879年，61岁的徐寿又开始与傅兰雅翻译德国分析化学大师卡尔·富里西尼乌司（Karl R.Fresenius，

1818—1897）的两部最有名的分析化学著作《定性分析化学导论》和《定量分析导论》。这两部书的德文版最初分别于1841年、1848年出版，后来屡经增补修订，一再重版，被译成了英文、法文、意大利文和俄文等。这两部书在分析化学这一学科的建立和系统化的过程中作出过巨大的贡献，因而其作者富里西尼乌斯被誉为近代分析化学之父。这两部书的篇幅都不小，译成文言也有75万余字。徐寿在他的晚年决定翻译这么大部头的著作，表现出非凡的毅力和雄心。他和傅兰雅依据英文新版翻译，历时近4年。1883年，他们根据富氏的这两部书译出的《化学考质》（定性分析）和《化学求数》（定量分析）同时出版，徐寿在他的去世前1年看到了他呕心沥血的译作印行。

徐寿还翻译过一部《物体遇热改易记》。这是依据英国出版的一部著名的化学辞典中的部分内容译出。它介绍了气体、液体和固体受热膨胀理论、气体定律、理想状论方程和绝对零度等概念和理论，详细罗列了19世纪70年代之前西方科学家研究液体、固体热膨胀率的实验结果。但可惜这部书直到徐寿去世15

年后才正式出版。

这些无机化学、有机化学和分析化学等著作以及前已述及的《造硫强水法》等化工著作的翻译出版，把西方化学系统地引入了中国，从而极大地促进了西方近代化学知识在清末的传播，为近代化学在我国的建立和发展奠定了认知基础。同时，这一系列译著的出版，也改变了19世纪60年代以前化学知识的引进与传播的落后状况。到19世纪80年代，化学知识的引进甚至可以说已经走在数学和物理等学科的前头。

与徐寿等人在江南制造局翻译化学书几乎同时，北京的京师同文馆化学教习法国人毕利干（A.A.Billequin，1837—1894）及其学生、同事也翻译出版了《化学指南》（1873）和《化学阐原》（1882）。这两部化学书的底本都不错，其中《化学阐原》也是根据富里西尼乌斯的《定性化学分析导论》译出的。但毕利干等没有找到恰当的元素和术语译法，译文佶屈聱牙，使读者难以卒读。至于嘉约翰、何嘹然的《化学初阶》，也被读者认为只"可旁观，不可正读"。这些译书在质量和影响上都无法与徐寿和傅兰雅的译书相提并论。

正是通过徐寿等人的化学译著，中国人开始认识到化学这门科学的重要性。比如，有人见化学在军工、矿冶、日用制造等多方面广泛应用，就认为化学"冠乎声学、热学、光学、电学之上"；有人甚至认为"化学当为诸学之根"。一些人读了徐寿和傅兰雅的化学译著，还购买仪器，尝试进行化学实验。

就徐寿自己而言，通过翻译化学书，他也进一步提高了化学科学知识和实验水平，成为我国近代最早的化学家之一。早在开始译书之前，他就从英国订购了整套的化学实验仪器和化学药品。在译书的同时，他往往还要将书中论述的重要的化学实验亲手做一遍。因此，每译完一部书，他也就掌握了书中的知识，并能将有关知识运用于实践之中。他曾利用自己掌握的知识，为江南制造局的龙华火药局建成硫酸厂，制造硝化棉和雷汞等炸药。

硫酸是一种最重要的化学制品。它在化学工业和有关工业中应用最为广泛。利用它可以制造许多种化学药品和炸药等。硫酸的产量被用来作为衡量一个国家化学工业水平的标志。在洋务运动的初期，江南制造局、金陵制造局等新型兵工企业制造军火所需硫酸都是从国外进口的。硫酸的价格在国外本来很便宜，但是，由于它的危险性，不易运输，故运费很高。徐寿在翻译化学书后不久就开始试制硫酸。但是，《化学鉴原》和《化学鉴原补编》中论述铅室法制硫酸的内容都很简略。徐寿摸索制造，可生产规模过小；加之许多原料也是从国外进口，所以硫酸制作成本较高。1873年以后，徐寿和傅兰雅翻译了一本详细介绍英国用铜室法制硫酸工艺的《造硫强水法》，同时，徐建寅与金楷理也翻译了一本《造硫强水法》（后未刊行）。在此基础上，徐寿经过试验研究，改进了工艺，扩大了生产规模，使生产成本大为降低。徐寿在龙华制造的硫酸不仅在质量上与西方的不相上下，在成本也自外国进口的要便宜不少。自1876年起，龙华火药局所需硫酸即全由自产，不再依赖进口。这是中国近代硫酸工业之始。与此同时，徐建寅在天津机器局也建成了硫酸厂，使该局也实现了自给自足。徐寿摸索的一整套制造硫酸的工艺在龙华火药局长期沿用，后来还载入在1905年出版的《江南制造局记》之中。

　　徐寿对矿冶也很有研究。也是在译书之初，他就从国外定购了各种各样的矿石样品和金属样品。后来，他又一边译书，一边研究辨识矿藏，提炼金属。他的这方面的专业知识，在开平煤矿、徐州煤矿和漠河金矿的开发和建设中发挥过重要作用。到了徐寿的晚年，徐寿已被人们誉为"化学专门名家"。

创建"格致书院"

　　前面我们已经提到，徐寿在创办江南制造局翻译馆之初，就希望同时开设学馆，培养专门的科技人才。可惜，翻译学馆的计划，只实现了译书这一半。广方言馆虽然搬进了制造局，但仍然以培养外语人才为主。后来制造局虽然也设立了学堂，但所聘用的外国教员都不懂汉语，无法利用译书进行教学。徐寿还希望他们的译书会逐渐为各省书院所采用，但是，由于种种原因，还迟迟没有提到议事日程上来。因此，他只能就自己力之所能及，为中国的科技教育铺路。

所以，当傅兰雅等友人邀请他参加格致书院的筹建工作时，他毫不犹豫就答应了。

说起格致书院的创办，不能不提到一个外国人，他就是麦华陀（Sir Walter Henry，Medhurst，1823—1885）。麦华陀是麦教思之子，1871—1876年任英国驻上海领事。1872年12月26日，上海的英文周报《北华捷报》的编辑发表文章，建议在各通商口岸，特别是上海，建立藏书楼，储存中国典籍和科技译著，张挂西方新发明和机械的图示等，以启发中国人对科学的好奇心和学习兴趣。时隔年余，1874年3月5日，麦华陀致信《北华捷报》，建议在上海租界开设一所名为"格致书院"的藏书楼，作为宣传科学知识的场所，以促进中国人对西方的了解。麦华陀还经与中西人士商讨，拟定了筹措该书院的15条章程。他预计需募集1500银两建成书院，院中将收藏报刊、译书以及中国著作，天球地球和机器图式等，供中国士商参观阅览。此外还计划不定期邀请外国人在书院举办科技讲座等。后来的"格致书院"就是在麦华陀的这一倡议下开始筹备的。

1874年3月24日，麦华陀召集了伟烈亚力、傅兰雅等对其倡议感兴趣的热心者聚会，会上决定董事会中，中外董事各占一半，并决定开始募捐筹款。麦华陀、伟烈亚力、傅兰雅和上海旗昌洋行行主美国人福弼士（F.B.Forbes）为发起外国董事，此外，他们还邀请轮船招商局总办唐廷枢为华人董事。不久又增聘上海道宪翻译王荣和为华董。董事会决定向中西人士募集建院之款。由麦华陀和唐廷枢分别向外国人和中国人劝募捐款。至当年6月，在上海的外国人认领的捐款已有980两，但唐廷枢向华人劝募的工作进展则不大。在1874年6月11日召开的董事会上，傅兰雅建议聘请徐寿为格致书院董事。从此，徐寿成为格致书院筹建过程中最重要的一位董事。

徐寿为筹建书院着手的第一件事是筹款。按照麦华陀的原来计划，预计建院经费为1500两，但后来董事会经过估算，起码也要五六千两。虽然麦华陀以英国领事的身份募捐，上海的外国洋行也踊跃捐助，但麦华陀实际募得捐款只有五六百两。唐廷枢经手募捐得的不过几百两。徐寿任董事后，就利用他与上海道台、江南制造局总办的关系，很快就募到了近千两捐款。1874年8月，他又分别上书南洋大臣李宗羲和北洋大臣李鸿章，吁请他们拨给若干经费，支持"格致书院"的建设。

徐寿在上书中说："科学技术从大的方面讲可以使国家富强安定，从小的方面讲也是一种技艺。它本该是任何人都应学习研究的，在我国目前尤应大力提倡。我国人才不少，才能决不在西方人之下。可是由于风气未开，一向视科学技术为奇技淫巧，旁门左道，不予重视。近年朝廷官员认识到科学技术的作用，创建机器制造局，卓有成效，我国人逐渐能掌握科学技术的奥秘。但科学技术的重要性，还只是局中从事者明白，而局外之人就不尽知晓了；科学技术的奥秘，还只是目前学习从事者懂得，以后颇有后继乏人之虞。要得后继有人，就必须有一个学习研讨之地，招集好学深思的人士，进行学习和研究，为中国科学技术的振兴而培育人才。我们现在计划在上海设立格致书院，就是希望能渐开风气，学以致用。……眼下，书院的章程已初步拟定，捐款已有两千多两，功将及半。由于这件事关系到我国的利益，能否恳请您在公顷闲款内拨给一定的经费，这样，士绅商贾必然闻风响应，使格致书院的计划卒底于成。"

李鸿章和李宗羲都支持格致书院的建设，很快，李宗羲就拨款1千两，不久，李鸿章从天津海关西药增税中所拨1.087千两也汇到了上海。到1875年春，总共已募到5千多两捐款。于是，董事会开始筹划购置书院地基和设计书院图纸的工作。这两项工作，都是由于徐寿的努力，才得以顺利进行。

按照原来的预算，计划购地费用为2.5千两，但原先准备买进的地皮由于英租界当局开辟马路，不得已而另觅院址。后来他们找到一块不错的空置地皮，但地价要4.6千两，超出预算2千两，后来建院时就多出了2千两的缺口。这个问题又是经徐寿一手解决的。他找到了江南制造局总办，当时担任江苏苏松太兵备道之职的老朋友冯焌光。像当初支持徐寿办翻译馆一样，这次冯焌光又给予徐寿全力支持，他立即慷慨捐银2千两。这样，"格致书院"在购买了上海英租界内位于湖北路与广西路之交的一块空地（即今上海市格致中学校址）后，开始建筑院舍。

"格致书院"的房舍，是一幢上下两层的建筑，也是由徐寿设计的，采用中国传统建筑格式，而不取西洋格式。1875年7月，徐寿绘就了书院建筑图纸，并就整个建筑工程作了详细估算，预计完工约3个月，全部费用为2.96千两。徐寿的设计预算迅即为董事会通过。不久就开始施工建设，果然在3个月内就建成了。由此我们可知徐寿对建筑也很在行，真不愧是"江南第一巧人"啊！

在徐寿筹款和建造院舍的同时。麦华陀、傅兰雅等外籍董事也在设法与英国绅商联系，募积科学仪器和机器样品，以备将来陈列于书院之中。他们在英国伦敦成立了由蒲尔捺（John Bourne）等人组成的英方董事会，委托该董事会在英国募集科学仪器等物。起初，在这些董事的积极努力之下，英国绅商反应相当热烈，据说可望获得价值20万两的仪器和机器样品等捐赠。但后来由于种种原因，实际赞助者并不多，以至当1876年6月24日，"格致书院"正式开院之时，不得不从徐寿个人购备的科学仪器中借来一部分陈列。

"格致书院"从1874年3月开始筹划，到1875年7月动工兴建，同年10月建成，装修布置至1876年春完工。在此期间共筹集到捐款7.7千多两，其中中国人捐款6.2千余两，外国人捐款1.5千余两。全部捐款的80%即6千余两是徐寿劝募得到的。他不仅曾向中国绅商募捐，还向上海的外国洋行募捐，外商捐款中最大的一笔333两，就是徐寿从祥生洋行募得的。为了"格致书院"的建设，徐寿还拿出了自己多年节衣缩食积攒的钱财。他先是捐款50两，后来在院舍施工过程中又垫款400多两。1878年4月，为了偿还建院过程中书院所欠债务，徐寿个人又捐款1千两。就他这样经济来源不丰的家庭来说，这实在是一个巨大的数字。这笔他辛辛苦苦大半辈子攒下来的钱，原本是为了他的母亲修建旌节牌坊准备的，为此，他不得不将母亲牌坊的修建一再推迟。

书院落成开院不久，董事会又计划在院内建设一座西式铁嵌玻璃的博物馆，以收藏和陈列英国人捐献的仪器、设备和其他的物品。为此，徐寿又撰写了一份募捐启事，希望国人慷慨解囊。同时，徐寿又再次上书李鸿章和李宗羲，希望得到他们的大力支持。但是，这一次却不大顺利。李鸿章将捐款之事委托杭州巨贾、著名的红顶商人胡光墉（即胡雪岩），可是胡光墉那时正在南方公干，到1877年春，还没有返回杭州。加之徐寿还有译书和制造局的其他事务缠身，无法全力劝捐。等到徐寿腾出手来募款时，不巧又遇上了北方大旱灾，全国绅商的注意力都转到了赈灾，"格致书院"的博物馆计划被搁置。因此资金颇难筹措，以致开院之后的两年，书院事务进展甚微。徐寿曾计划将书院地皮中的大片空地出卖一小部分，以维持书院的正常活动，但遭到了董事会中的外国董事的反对。

1878年初，徐寿终于从胡光墉处募得5000银元（相当于4000银两）。加上他个人捐赠的1000两，才使书院暂摆脱了财政困难。徐寿用这笔钱偿还了书院建房装修时所借银行之债，为书院购买了价值约1500两的科学仪器，修建了陈列厅（原计划的博物馆始终未能建成）。从1878年开始，他还用该款的一部分在书院的空地皮上修建了数十间房屋，作为出租之用，每年的租金收入有800多两。这笔收入使书院以后的财政情况大有好转。

1879年，徐寿邀请老友华蘅芳来书院主持日常事务，并准备招收学生人院就读。华蘅芳对徐寿的工作鼎力相助，他在院期间，都是义务劳动，不受薪水。1879年秋，徐寿在上海的《申报》和《万国公报》上刊登招生启事。这份招生启生用语是浅显的文言，今照录于此：

"本书院创设沪上，专为招致生徒究心实学。其提倡者，半为中西积学之士。院地极宏敞，拟以半造博物院，中列图书象物，为生徒考镜之资；半为学舍，比屋鳞次，可容数百人。学有二端，听其所向，例亦定为两则：一为学西国语言文字者，本书院延有名师，朝夕课责，来学者每岁纳四十金，本书院供给饮食；一为讲求格致实学者，本书院于算学、化学、矿学、机器之学，皆有专家，其考据书籍器具，亦皆罗列，来学者先纳三百金，三年学成后，原银仍交该生领回，学未三年不成而思去者，其银罚充公项。望有志之士，先期赴院报名注册。及期甄收，再行通知可也。此启。"

那时候，上海等通商口岸城市，想学好外语（主要是英语）混碗饭吃的人已有不少。所以徐寿的招生启事就以外语相号召，其实他的真意还是要培养科技专门人才。为了使来院学生不致半途而废，他想出了"押金"这一法。可是，那时青年还是以科举考试取士为主导，科学技术还不能为人们博取功名利禄。像徐寿这样的科技专家，虽然被誉为奇才异能之士。但没有科举功名，也无一官半职，其社会地位总是低人一等。因此徐寿的招生计划，应者寥寥。他的殷殷希望，不久就化为泡影。

令徐寿伤脑筋的还有中西董事之间日渐激化的矛盾。本来麦华陀倡建"格致书院"之初，原是希望外国人只是发起筹，待书院建成一两年之后，即交给中国人自行管理。但是，1877年初，麦华陀任期届满离开了上海。随后，董事会主席先后由吉罗福（G.B.Glover，1826—1885）和担文（W.V.Drummond）继任。担文是上海英租界工部局的有名律师，他从1878年2月底起，长期担任"格致书院"董事会主席。在他们两人主持下的董事会，在筹款募器等方面均无所作为，但对徐寿这样的实干家的工作却经常加以干涉和掣肘甚至阻拦。加之由于中西文化的差异，办事习惯的不同等原因，徐寿同外籍董事之间的矛盾一再发生。

早在建院之初，格致书院拟定的章程就规定书院不收藏传教书籍，但西董伟烈亚力坚持要将《圣经》纳入藏书楼。后来他在把他和李善兰等所译《几何原本》、《代数学》等送给书院时，也带上了墨海书院出版的《圣经》。对此，其他西董没有表示反对。徐寿对此自然很不愉快。他在劝募国人捐款的启事中就一再声明过，"格致书院"决不传教。如此一来，岂不是出尔反尔。1876年初，麦华陀等弄来已故的京师同文馆天文教习德裔英人方根拔男爵（Johnannes von Gumpach，？—1875）的中文藏书，打算以此作为书院藏书楼的藏书基础，但是，徐寿仔细翻过这批藏书后，发现这不过是一批宣扬迷信的书。在董事会上，徐寿对中西董事们说，这批书有碍科学技术知识的传播，书院不应入藏，但是几位西董坚持要他从中挑一些书购入书院。以后，徐寿又为图书的管理使用同西董发生了矛盾。

1877年7月起，徐寿担任了董事会的司库，掌管财务。1878年，经过他的筹措，在院内空地盖了十多间用作出租的房子之后。徐寿经董事会同意，住进院内每年都交房租，以便管理院务。可是，担文、傅兰雅等西董却误以为徐寿把"格致书院"当做自己的私产。徐寿和华蘅芳没有招收到学生，他们却误认为徐寿不热心科学教育。在办院方针上，徐寿同傅兰雅等西董也有分歧。徐寿为书院购置了许多科学仪器设备和化学、矿物样品，想把书院办成一个进行专门科技教育和研究的机构。傅兰雅等西董却只是想办一些科学讲座，搞一些展览，陈列一些科学书，以吸引中国人对科学的兴趣；而对于培养专门人才的计划，他们却不大热心。

"格致书院"的筹建和发展，几乎是依靠徐寿个人之力，才得以完成。就是在建院方针上同徐寿有分歧的傅兰雅也说"书院皆赖徐君材之力办成"。

可是，由外国人把持的董事会，对书院的实际困难不设法解决，对徐寿的工作却横加指责。后来徐寿干脆撇开了那些光发言论不干实事的西董，独立行事。可惜，由于风气未开，徐寿把"格致书院"办成科技专门学校的计划，在他生前仍没有得到实现。

不过，徐寿毕竟为"格致书院"后来的发展奠定了基础。书院在清末还产生过一些事实上的影响。厦门、宁波等都仿上海"格致书院"筹建过格致书院。由于筹建书院的推动，徐寿的主要合作者傅兰雅还发起编辑出版一种最早的中文科技杂志《格致汇编》。这份刊物于1876年2月起开始出版。徐寿对《格致汇编》的编辑出版给予了宝贵的支持。他为之撰写了发刊词，帮助傅兰雅解答过读者的提问。他还先后撰写了《医学论》、《汽机命名说》、《考证律吕说》等论文发表。他和傅兰雅在翻译馆合译的一些译稿如《历览英国铁厂纪略》、《照像略法》、《火药机器》、《回特活德钢炮论》等，也交给傅兰雅在《格致汇编》上刊鉴。《格致汇编》受到了当时读者的欢迎，其发行量远比江南制造局的译书还多，对近代科技知识在清末的传播起到过重要作用。如果不是徐寿等的帮助，傅兰雅是不可能独立将《格致汇编》办成的。

考证乐律

　　徐寿终其一生都爱好乐律学的研究。他年轻时，以复制古乐器开始为人所知，晚年的时候又因为研究律管而赢得了西方科学界的赞誉。

　　自从到曾国藩幕下之后，徐寿忙于造船和译书，但是，他对于音乐的研究并没有忘情。因而在翻译馆开设不久，他就询问傅兰雅，欧洲有没有研究音乐的科学。当他得知有声学这门科学后，就立即叫徐建寅同傅兰雅抽空翻译英国著名物理学家丁铎尔（John Tyndall，1820—1893）的一部有名的《声学》著作。

这部书于1874年由江南制造局刊印后，他们还寄送了一部给丁铎尔。丁铎尔后来在这部书的英文新版（1876）序言中提到了这个中文译本，并引用傅兰雅的话说，徐寿、徐建寅对这部书的内容理解起来毫无困难。

在《声学》翻译的同时，徐寿还在繁忙的工作之余，挤出时间来研究乐律学的问题。

徐寿研究的是中国乐律学史上困扰了人们上千年的一个老问题。这就是半黄钟与正黄钟不相应的问题。中国古代向来以弦定律，以管定音。古人认为管与弦同律，就是说弦的振动方式与律管内空气柱的振动方法是一致的。按照弦管同律的原理，那么黄钟律管与长为其一半的半黄钟管应该刚好相差八度音，可是实际情况并不然。自汉代以来，人们就发现了这个问题，但一直没有得到很好的解决。依据现代物理学的知识来看，弦振动与空气柱振动方式是不同的，因此旋律与管律不可能相同。但是，"古人制度，不敢增损"，这种正统的弦管同律论长期支配着古人的乐律研究。历史上，虽然先后有晋代的荀勖（？—

289）在制笛时研究了从缩小笛子管长入手校正笛音的方法，明代的朱载堉（1536—1611）从缩小律管内径入手进行校正。但是，他们的心得，没有受到后人的重视。

徐寿认真研究了朱载堉的研究成果，认为其结论"理虽近似"，但"尚未密合"。他是从缩小管长来研究这个问题的。他用27厘米长的开口圆洞管（清制黄钟管）进行实验，发现截去其一半，无法得到八度音，但再截去半寸稍长一点，却能准确地得到八度音。他用不同管径的铜管和西洋竖笛进行实验，都得到了相同的结果。

徐寿这项研究的科学价值在于他用简单的实验得到了律管管口校正的一个经验数值。此外，他还用实验否定了弦管同律论，并再一次提出了校正律管管长的必要性和可行性。

然而，徐寿将他的实验结果同丁铎尔《声学》中的振动理论相对照时，他却感到迷惑不解了。《声学》卷五中说："有底管无底管生音之动数皆与管长有反比例。"这个论点恰恰支持的是中国传统的弦管同律论，而与他的实验结论相反。徐寿因此特地写了一篇《考证律吕说》的论文，于1880年8月发表在傅兰雅主办的《格致汇编》第三年第七卷上。这篇论文报道了他的研究结果，同时还就正律与半律不相应，弦与柱振动的不同这两个问题向读者求教，请读者解释这产生两个现象的原因。与此同时，徐寿还让傅兰雅给丁铎尔报告他的实验结果，请丁铎尔解释为什么他的实验与《声学》所论不符的原因，并就管口校正的科学计算、管弦不同律的真实原因等问题请教丁铎尔。徐寿在这封由傅兰雅翻译转达给丁铎尔的信中说：

"中国古代音乐著作认为，平分或信增弦长或管长就能产生比原弦或管或高或低一个八度（或十二个半音）的音。

"但是明代朱载堉的一部著作却说，这一规律仅适用于弦，而对开口管如长笛和六孔竖笛则不适用。

"这几年前，我尝试研究这一差异的原因及其精确数值。用开口圆钢笔，长九寸，用长嘴巴按住其一端，通过那儿的吹口吹出一个音来，截去其半，剩下

4.5寸的管却发不出八度音。但再截去半寸多一半，剩下四寸长的管就能准确地发出八度音。我用不同长度、不同半径的管重复这一实验，其结果相同，即4比9有管长比总能发出准确度略有不同的八度音。我看到西洋的键孔竖笛在发八度音的原理亦与此相同。可是我不明白，开口究竟为何不遵循弦乐器和闭口管的规律。

"当我读到丁铎尔教育《声学》的译本时，我很惊奇地发现，古老的中国观念被精确地表述出来了。该书（第214页）说'一定时间内，有底管（闭口管）无底管（开口管）生音之动数皆与管长有反比例'，等等，依此看来，由于在一定时间内任何音的八度音，必然精确地为其动数的二倍，故无底管应精确地截兰以发出高八度音。而这被我的实验证明是错误的。

"我担心误解了这位英国教授的原意，因此希望他对此给予答复，以澄清我的疑惑。我需要知道，在任一开口管和具有同样内径的发高八度音的管子之间在长度上的精确比值，以及那种构成八度内十二个半音的每一组开口管在长度上的精确比例。如果开口管产生八度音的长度与弦或闭口管发出八度音的长度不一样，那么这些管给出一个中间音的长度亦必不同，这种长度如何计算？能否用数学曲线或公式表示？为何此规律对开口管与闭口管和弦不一一适用？我自己有一解释此问题的理论，但是，在我的认识没有进一步论证和更为成熟之前，我觉得还不够发表出来。同时，如果任何外国科学家使我明白这一有趣而重要的问题我将非常高兴。中国音乐的理论与实践由于其在制造乐器时显现的错误已逐渐失去效用，我希望用科学的理论来改造它。"

1880年11月，傅兰雅在把这封信寄给丁铎尔教授的同时，还将它寄到了英国著名的科学杂志《自然》编辑部，显然，徐寿和傅兰雅都认为徐寿的实验结果是一项有意义的科学发现，因此才把它投寄到《自然》杂志社。他们还希望丁铎尔教授把他的答复也寄到《自然》杂志社，以供发表。

在欧洲，关于管口校正的研究远没有中国那么历史悠久。1760年，著名的瑞士物学家丹尼尔·伯努利（Daniel Bernoulli，1700—1782）提出过空气柱的振动模式，被称为伯努利定律。根据这一理论，管律也与弦律相合，但事实并非如此。因此在19世纪50—70年代，欧洲有许多学者对这一问题从理论上和实验上进行了多方面的研究，修正了伯努利定律，报道了种种关于管口校正的研究成果。其中比较著名的是英国物理学家博赞基特（R.H.M.Rsanquet）于1877—1879年在英国《哲学研究》上发表的关于声的理论的系列研究，和著名英国物理学家瑞利勋爵（Lord Rayleigh，JohnW.Strutt，1842—1919）在其巨著《声学理论》（1877—1878年出版）中发表的理论推算公式等。他们的研究从理论和实验两方面基本上解决了管口校正这一问题。徐寿的研究几乎与他们同时完成，虽然结果还比较粗略，但仍然引起了英国科学家的极大兴趣。《自然杂志》于1881年3月10日以《声学在中国》为题，发表了傅兰雅翻译的上述信件，并附加了编者按语指出："我们看到，一个古老定律的现代科学的修正已由中国人独立地解决了，而且是用那最简单、原始的器材证明的。"《自然》杂志还邀请了英国声学家斯通博士（W.H.Stone）回答了徐寿的问题。斯通指出："对这个鲜为人知的事实（指管口校正）的证实来自那么遥远的（中国），而且是用那么简单的实验手段获得的，这是很有意思的。"

在近代科学诞生以后，许多欧洲人都以为中国人没有近代科学，中国人没有近代科学才能。英国科学家对徐寿高超的实验天才的赞誉，实际上也是他们对中国人科学才能的重新认识。在西方近代科学大规模传入中国的19世纪后半叶，徐寿的管口校正结果在《自然》杂志上的发表，可以说是近代以来中国科学家第一次在西方权威科学杂志上发表研究成果。徐寿，又一次为中国人争了光。

有趣的是，丁铎尔教授对这件事却没有《自然》杂志的科学家那么大度。他气量狭小，神经过敏，徐寿批了他书中的毛病，使他感到很尴尬。他不仅没有应徐寿和傅兰雅的要求回信答复，而且在《声学》再版时，坚持错误，不加改动。可笑的是，他在再版时还把《声学》第三版前言中提及中文版以及中国人理解此书毫无困难的那一段文字给删去了。

情系桑梓

　　从1867年被曾国藩调到江南制造局之后，徐寿长期在上海生活。他的次子徐建寅和三子徐华封先后跟随在他的身边。徐寿的第一位夫人盛氏，早在鸦片战争时就已去世。继娶的韩氏夫人，即徐建寅和徐华封的母亲，也在他到江南制造局之前去世了。此后，徐寿就没有再娶。他把全部的时间和精神都投入到科学技术研究之中去了。身处十里洋场，徐寿衣食不求华美，居室但蔽风霜。至于声色犬马之类的征逐游乐，更是与他绝缘。

在无锡老家，徐寿还有一些田地，由长子大吕等耕种。晚年时，徐寿已是子孙满堂，他们大多生活在老家。无锡距上海不过100多千米路程，但徐寿忙于译书、研究和筹办"格致书院"的事务，难得回一趟老家，享受天伦之乐，可丝毫不减对家人和故乡的挂念之情。

徐寿深深怀念他的母亲。父亲去世时，徐寿只有4岁，母亲宋氏守节抚孤，把他和两个姐妹抚养成人。艰难的生活损害了她的健康，她只活到40来岁。母亲去世时徐寿已经成家，并有了一个儿子。家境虽然仍然困难，但正在渐渐好转。可惜母亲来不及过几天好日子，就过早地告别了人世。每念及"树欲静而风不止，子欲养而亲不在"，徐寿总是痛不欲生。

母亲的过早去世使徐寿抱恨终生。为了纪念他的母亲，他决心为她建一个表彰她抚孤守节的牌坊。在那个社会里，这是一个儿子对于母亲的最好的纪念。徐寿之所以未能免俗，是因为他不愿意母亲的事迹被埋没被遗忘。他要让他的子孙，让人们记住他的母亲。他通过地方官吏一级级地把他母亲的事迹呈报到江苏省府，得到了旌表。但是修建牌坊的资金，却迟迟没有着落。在无锡时，他家境还不宽裕。到江南制造局任职后，收入情况有了好转，但所得都花在了购置科学仪器药品和书籍等上。后来他好不容易又攒了一笔钱，但为了"格致书院"的建设，他又慷慨解囊，几乎倾其所有。直到1880年，"格致书院"的经济情况有了好转，不再需要徐寿个人掏钱之后，他才又攒了一笔钱，回无锡老家去为母亲建旌节牌坊。这时，徐寿已年过花甲。

大概正是在徐寿回无锡为其母建牌坊的时候，徐寿开始在自己的家乡倡导农民种桑养蚕。那时候，一些外国商人在上海兴办了几家机器缫丝厂，对蚕茧的需求量徒然增加。无锡虽然靠近上海，但养蚕业却不发达。徐寿把自家的几公顷土地改种桑树，开始养蚕。一时乡里人都纷纷仿效他种桑养蚕。

可是，无锡人刚开始养蚕时，却不会杀茧。鲜茧存放时间一长，就会化为蛾，成为废物。因此蚕农无法囤茧，只好急于出售。这样一来，洋行就可以压低收购价格，蚕农只好贱价出售。徐寿看到农民辛苦的成果得不到相应的回报，开始研究杀茧之法。旧时杀茧主要有盐渍、蒸茧、烘茧等办法。徐寿选择了适宜于无锡潮湿地区的烘茧法。烘茧的温度火候要适宜，否则容易烤焦茧子。他亲自筑灶烘茧，很快就掌握了烘茧技术的关键。此后，徐寿又把烘茧技术传授给乡亲们。大家一传十，十传百，烘茧技术很快就为无锡乡民掌握。洋行再无法压价收茧，茧价趋于合理，蚕民有利可图。从此，无锡养蚕业日盛一日，过去没有桑蚕业的无锡成为江南著名的蚕茧之乡。乡人都说，徐寿老先生的倡导之功，功不可没啊！

薪尽火传

　　1884年9月24日，中国近代科技的先驱者徐寿病逝于上海"格致书院"寓舍，享年68岁。

　　关于徐寿得病和去世的情况，也同他的生平事迹一样，文献记载很少。徐寿之友、华蘅芳之父华翼纶在《哭徐雪村》中说："君本称奇士，秋来病亦奇。古今鲜秘术，中外乏良医。"由此，我们得知徐寿是在1884年初秋得病，一病不起，只有1个月左右就去世了。徐寿的逝世，对于江南制造局翻译馆的译书事业是个重大损失。1884年之后，翻译馆在制造局的地位日渐下降。在徐寿生前，江南制造局每年的译书经费大都在二三千两左右。在他去世以后，译书经费竟骤降至千两以下。从1885—1897年，翻译馆很少再有新的重要的科学著作翻译出版。

徐寿去世后，"格致书院"落入了以傅兰雅等为主的西董之手。他们抛弃了徐寿把"格致书院办成一所专门培养科技人才的学校的计划。虽然接下来在著名学者王韬主持院务期间（1886—1897），奉办了以时务和科学为主题的四季考课，在上海等地的知识界中产生了较大的影响，但并没有造就出徐寿所希望的科技人才。后来，"格致书院"被英租界的工部局接管，变成了一所普通的中学——格致中学。

然而，徐寿终生追求的事业并没有因为他的去世而中断。他的两儿子徐建寅和徐华封就是他亲手培养起来的两个接班人。

徐建寅（1845—1901）是徐寿次子，早在安庆、南京徐寿试制中国第一艘轮船时，他就"屡出奇计"，辅助父亲。后来，他又跟随徐寿到江南制造局。在翻译馆，徐建寅与人合译有《运规指约》、

《化学分原》、《器象显真》、《汽机必以》、《汽机新制》、《声学》、《电学》、《谈天》、《艺器记珠》、《轮船布阵》、《水师操练》、《炮甲合论》、《造船全书》等著作，总字数比徐寿所译的还要多。1874年，徐建寅被调往天津机器局，在那里建成了硫酸厂。1875年，他被调到山东机器局任总办。在不到1年的时间内，徐建寅就把这个中型的兵工厂建成投产。在整个建厂和生产过程中，他主持一切技术业务，没有雇佣一名外国工程技术人员。这在当时的兵工厂中是唯一的一例。当时的山东巡抚丁宝桢向朝廷报告说：山东机器局的各厂都是徐建寅亲自布置装配，"徐建寅胸有成算，亲操规尺，一人足抵洋匠数名"。说明年仅30岁的徐建寅已是一位能独当一面的科技专家。在洋务运动时期，像徐建寅这样年轻有为的科技人才是不可多得的。这不能不归功于徐寿教导有方。

1879年，徐建寅被李鸿章派往德国，访求订购新式铁甲军舰，并考察欧洲各国的重要工厂，特别是军工厂。在德国，徐建寅为李鸿章的北洋海军订购了两艘主力舰，即著名的"镇远"舰和"定远"舰。他又先后到德、法、英等国考察了80多家工厂、学会和学校等，写成《欧游杂录》、《水雷录要》等书。1886年，他被曾国藩之弟曾国荃（时任两江总督）调往南京，督办金陵机器局。1894年，在中日甲午战争期间，徐建寅以技术专家的身份受到光绪皇帝的召见，光绪帝对他深表欣赏。不久就特旨派他到威海查验船械，调查北洋舰队在黄海海战中失败的原因。1896年，徐建寅被派往福州任福建船政局提调。1898年，在戊戌变法期间，光绪帝设立农工商总局，调派他到京任督理农工商务大臣。不久由于戊戌变法失败，徐建寅避祸回无锡老家。1900年，他被湖广总督张之洞调到湖北汉阳钢药厂（即汉阳兵工厂的前身）。因制成无烟火药，深得张之洞的赏识，但却遭到其前任等人的嫉恨。1901年3月31日，当他试验火药时，被坏人做了手脚，当场爆炸，不幸遇害。

徐华封是徐寿的第三子。1858年出生，他也在江南制造局任职。徐寿晚年时，一直是他陪伴在身边。他聪明颖异，心灵手巧，深得父亲钟爱。他先继承了徐寿的化工事业，在化学化工方面很有造诣，是江南制造局的化工专家。他曾担任该局工艺学堂教习。我国近代著名的化学工业家吴蕴初就是他在工艺学堂时教授的学生。徐华封同其父徐寿一样，也不求仕进，以化工专家终其一生。徐华封在江南制造局与傅兰雅等合译有《考试司机》、《电气镀金》、《电气镀镍》和《种植学》等书。据说他通晓英语。他曾协助其父筹建"格致书院"。徐寿去世后，长期担任"格致书院"董事。"格致书院"被英租界当局改为"格致公学"后，书院的仪器、书籍等即由他接受和保管。他还计划另址重建"格致书院"，但由于连年军阀混战、社会动荡，经费难筹，未能如愿。徐华封晚年在江南制造局开办了一家生产肥皂的日用化工厂，用自产的肥皂抵制英国肥皂的倾销。后来英商设卡封锁了其原料烧碱的来源，被迫停产。此外，徐华封还办过炼铅厂、人造冰厂等，所以史书记载他"以制造为治生"，就是说他以工业制造为业。

徐建寅和徐华封的后代中也出现了许多科技专家，他们为中国20世纪的科技事业作出了各自的贡献。徐寿的第四第五代后人中，还有一些人至今活跃在我国和世界的科研舞台。徐寿家族，以科技传家，形成了我国近代科技史上的一种独特现象，很值得人们研究。

当然，徐寿的事业不仅为其后人继承，更为近代中国的科学技术工作者所发展。

徐寿的经历代表了我国近代科学技术事业从传统转向近代的坎坷历程。他受的虽然是旧式教育，但转向科学研究却是受到了儒家经世致用的优秀传统的深刻影响。徐寿最早接触的是中国固有的传统科学技术，并达到了很高的造诣。然而徐寿不保守，一旦接触到西方近代科学技术，了解到它的先进性后，就转而以引进、传播近代科技，发展中国的近代科学技术为己任。他的朋友们说他"服膺西学"，这在清末是非常难得的。但是，徐寿并不盲信西方科学。他在乐律研究中用实验发现丁铎尔《声学》中的错误就是一个很有力的例证。徐寿也没有因为西方科学的先进而抛弃中国的传统科技。他在科学技术研制工作中，总是因陋就简，尽可能利用传统的材料、手段和方法推陈出新，表现出很高的创造性。徐寿一生的科学技术研究，放在世界科学技术发展史上考察，应占有一席之地，而在中国近代科技发展史上却是举足轻重的。正是像徐寿这样杰出的人，在清末洋务运动期间完成了中国科技同世界科技的接轨，才开创了中国自己的近代科技事业。

徐寿曾经说过："中国科学同西方科学都可以相互沟通，如果引进西方先进的科学技术，同中国的科技相融通，我们中国科学必然会超越前人，我期待着这一天。"这可以说是他留给后人的遗嘱。我们现代中国的科学技术当然已不是徐寿所处的时代所能同日而语，但是仍然与世界先进国家存在着较大的差距。在改革开放的今天，引进世界各国的先进科学技术，从而发展中国科学技术事业，又一次成为我国科技工作者所肩负的时代使命。徐寿一生在发展我国近代科技中的卓越贡献，他的爱国主义精神、求实精神、献身精神和艰苦朴素的作风，应该作为我国现代科技工作者的楷模，激励我们为赶超世界先进科技水平而努力奋斗。

世界五千年科技故事丛书